Perdão

Do mesmo autor de:

Paris, setembro de 1793
O Magneto
Alor
Eu queria ser Bezerra de Menezes
Quando chega o Natal

Mauro Camargo

Perdão

LACHÂTRE

Instituto Lachâtre
Caixa Postal 164 – CEP 12914-970
Bragança Paulista – SP
Telefone: 11 4063-5354
Site: www.lachatre.org.br
E-mail: editora@lachatre.org.br

1ª edição – Agosto de 2014
Do 1º ao 3.000º exemplar

Programação visual da capa:
Andrei Polessi

Revisão textual:
Kátia Leiroz

Impresso no Brasil
Presita en Brazilo

CIP-Brasil. Catalogação na fonte

Camargo, Mauro Cesar Bruginski, 1962 –

Perdão / Mauro Camargo – 1ª ed. – Bragança Paulista, SP : Instituto Lachâtre, 2014.

ISBN: 978-85-8291-020-7
304 p.

1.Espiritismo 2.Romance espírita. I. Título.

CDD 133.9 CDU 133.7

Nota do autor

Quando estou envolvido na construção de um romance histórico, costumo aliviar o pensamento escrevendo outros textos mais leves, principalmente no que diz respeito à pesquisa. Escrever um romance histórico exige um imenso nível de comprometimento com os fatos, sendo que não basta encontrar fontes desses fatos, mas também comprová-los o máximo possível. Assim se faz necessário confrontar autores e até mesmo entender suas inclinações ideológicas. Nosso saudoso Hermínio Miranda fazia isso com extrema habilidade intelectual e, por isso, é onde busco não apenas inspiração, mas também muita informação confiável.

O romance histórico que estou escrevendo no momento, Ombra i llum, é uma viagem para o tempo da mais famosa heresia que temos conhecimento: o catarismo, que ocorreu por volta do século XIII, na região que hoje corresponde ao sul da França. Colher informações sobre este período é bastante delicado, pois quanto mais distante no tempo, mais distorções uma história sofre. Quando buscamos informações mais próximas, obviamente as conseguimos não apenas em maior quantidade de fontes, como também muito mais detalhadas. Pode-se dizer que temos informações dia por dia. Afastando-se no tempo teremos mês por mês, depois, ano por ano, depois década por década... e assim vai, e assim posso dizer que a pesquisa pode ser mesmo exaustiva. E é por isso que escrevo, como dizia, textos fora do contexto, crônicas, contos, ou mesmo outros romances, mais curtos, e onde a pesquisa é menor (que sempre existe), embora com o mesmo compromisso com os princípios espíritas. Assim, a mente criativa descansa e, depois, posso voltar mais disposto para terminar o outro trabalho.

O assunto 'perdão' é tema recorrente em meus outros trabalhos, então decidi aliviar o pensamento dentro deste assunto, e assim nasceu este romance, tentando conciliar um fundamento evolutivo tão bem estudado por Kardec na Codificação, com situações ficcionais modernas, muito dentro do nosso cotidiano.

Desta vez envolvi poucas pessoas enquanto escrevia, embora, como sempre, não tenha dado descanso à minha esposa, Grasiela Paiano, na troca contínua de informações e opiniões. Não posso deixar de agradecer ao amigo Paulo Henrique Garcia de Souza, que fez a 'vistoria' de assuntos e procedimentos técnicos comuns ao meio da polícia federal, que está no cerne de todo o romance, além de outros importantes detalhes. Foi preciosa sua colaboração.

Espero ter construído um bom romance. Posso dizer que foi muito prazeroso escrevê-lo, e até mesmo me inspirou escrever outros semelhantes no futuro... Amor, Caridade, fundamentos essenciais da doutrina espírita... Quem sabe?

Boa leitura.

Mauro Camargo

Introdução

Amigos leitores, fui convidado por um escritor a lhes contar uma história. Na verdade, minha intenção é ajudar na concepção de um romance, com as informações que tenho e que pretendo passar a esse escritor. A partir do momento em que ajustemos os nossos campos magnéticos e possamos nos sintonizar energeticamente, penso que conseguiremos realizar um bom trabalho. Não pensem que é assim tão fácil.

Os leitores de obras espíritas, de uma maneira geral, acostumaram-se às obras de grandes médiuns, de uma época em que Chico Xavier, Yvonne Pereira, apenas para citar dois grandes nomes, dentre tantos, nos deleitavam com suas transcrições mediúnicas, sempre tão belas. Não que os médiuns competentes para isso apenas deixaram de existir, mas há que se pensar que o número de espíritas cresceu encantadoramente e não há produção literária em quantidade suficiente que atenda a todo este crescimento. Então, desta forma, e como o trabalho na divulgação do bem nunca para, também não podemos parar. Precisamos ir em frente, agora usando, como uma opção, aqueles que aprenderam com os grandes médiuns e suas obras.

Eu também não sei se sou bom o suficiente nisso, em contar histórias, mas, mesmo com minhas naturais limitações, porque sou ainda bastante jovem, vou tentar fazer o melhor possível. Por isso os convido a me acompanharem, mesmo que com alguma paciência se eu me perder um pouco, ou melhor, se nós nos perdermos um pouco. Como não gosto de perder tempo, vamos logo ao assunto. Vou começar a contar esta história no momento em que um assassinato está para ser consumado, para meu desespero. Então, vamos lá.

Henrique Brandão

Balneário Camboriú, 21 de janeiro de 2014.

“Amigos leitores, fui convidado por um escritor a lhes contar uma história, com as informações que tenho e que pretendo passar a esse escritor.”

Capítulo 1

Rio de Janeiro, 13 de junho de 2013, 21h45min.

Jaime Brandão ajustou a mira telescópica pela terceira vez. As batidas do coração eram fortes e ritmadas, sem descompasso, apesar de tudo. Tinha a impressão de que alguém poderia ouvir o coração batendo, ou sua respiração pesada, profunda, mas sem ansiedade. Estava preparado. Passara o dia sozinho, pensara em cada detalhe e sabia que não havia outra saída. Quem estava prestes a morrer merecia e, em seu pensamento, não havia outra maneira mais eficiente para puni-lo. A roupa estava molhada, porque chovera no final da tarde e ficou uma grande poça na marquise do prédio de dois andares onde montara sua arma, com sua reconhecida calma e habilidade, sem perder um gesto, sem gastar um segundo a mais para cada ato. Era um pequeno edifício de salas comerciais e sem segurança durante a noite, onde foi fácil subir escondido. Estava vestido de preto por inteiro e, apesar do calor, ainda usava uma balaclava que deixava somente seus olhos descobertos.

Quase dez da noite, 28 graus, e sem nenhum vento. Sem nenhuma chance de errar o tiro, a trinta metros de distância. Jaime, depois de muitas circunstâncias, tornara-se perito em armas e tiros. A vítima chegaria de carro perto das vinte e três horas e abriria a porta da garagem com o controle remoto, sem parar, seguindo em frente. O vigia viria do seu posto, na quina interna do muro, passaria por um pequeno portão gradeado ao lado da garagem e se postaria ao lado da porta, ainda se abrindo. Então o motorista faria o retorno na esquina seguinte e voltaria mais rápido do que chegou, entrando com o carro rapidamente e logo fechando o portão. Dois a três minutos depois, tempo para que o vigia lhe desse o relatório do dia, ele apareceria passando pelo lado da piscina e indo até a porta de vidro que dava para a churrasqueira, e Jaime sabia que ele pararia ali por cerca de quinze segundos para procurar a chave certa. Existiam duas chaves quase iguais em seu chaveiro e ele sempre se confundia, por isso ficava parado ali o tempo suficiente para morrer.

Ele iria morrer. Um só tiro, e pronto. Sem chance alguma de errar. Dez e meia. Jaime respirou fundo mais uma vez e fechou os olhos. Era a hora certa para lembrar. Até isso havia sido considerado: lembrar o motivo para ele morrer, exatamente naquela hora, porque não poderia haver nenhum vacilo, nenhum rápido sofrear de piedade travando seu dedo, nenhuma comiseração.

Na sua memória, um menino chamado Henrique correu pelo gramado atrás do gato e caiu num canteiro de flores, depois levantou com uma onze horas vermelha na boca, sem saber se ria ou chorava. Tinha cinco anos e seu corpo era mais rápido que o pensamento. Elétrico, insaciável, cheio de vida. Então, ele já estava na piscina da casa do avô, e Henrique na pontinha do trampolim, com medo de saltar, nos seus oito anos, pernas finas, magro e ainda elétrico, enquanto ele estimulava, dizia que estava ali, que não tinha perigo... Depois secou a lágrima do rosto do menino de doze anos, quando Lúcia, a mãe, morreu. Ah! Como ele sofreu! Como eles sofreram! Dormiram juntos na primeira noite, na mesma cama, num hotel que era indiferente a todas as suas memórias. E sofreram até que o tempo passou tanto, que o sofrimento diminuiu. Veio o seu primeiro afastamento do cargo e tantas injustiças. Veio a primeira namorada de Henrique, a segunda. Veio o resultado do vestibular. O começo das aulas. O aniversário de Henrique e a manhã do dia seguinte, quando ele sussurrou no seu ouvido:

– Tô pegando teu carro que o meu tá com pouca gasolina... você vai sair às oito, né? Eu volto logo, vou levar Aninha em casa e antes das oito tô de volta...

Minutos depois ouviu um grito distante e o alarme de um carro disparar. Demorou uma fração de segundos para pular da cama, desesperado com a possibilidade bestial que lhe passava pela cabeça. Desceu correndo os três andares de escadas e encontrou o carro dele acelerado, sem sair do lugar, com Aninha ainda gritando, enlouquecida, no banco do lado. Henrique não se mexia. Quando contornou o carro viu o furo no vidro e sentiu as pernas fraquejarem. Teve que se apoiar para não cair. Um tiro certeiro. Naquele momento pensou que aquele tiro era para ele, Jaime, que deveria estar saindo de carro naquele horário para ir trabalhar, mas que atingiu o filho... e atingiu ele próprio, para sempre... e para sempre.

Um carro virou a rua à sua esquerda e veio lento. Dez e cinquenta cinco. Um sedan preto. Era ele. Pela primeira vez seu coração acelerou e olhou mais uma vez pela mira telescópica, para o ponto onde imaginava estaria a cabeça do homem que matou Henrique, ou mandou matar. Que diferença fazia? Curiosamente havia uma rosa branca exatamente neste ponto, que balançava discretamente agora, com a primeira brisa que anunciava a madrugada próxima.

Estava acordado há mais de quarenta e oito horas, desde que descobrira tudo, e sabia que isso não era bom, mas a adrenalina jorrara em suas artérias para ficar acordado o suficiente. Mesmo assim sentiu uma estranha torpeza pesando em seus braços. Tirou o indicador do gatilho e esticou a mão, depois contraiu. Estava tudo bem, apesar do calor e do suor nas mãos por dentro das luvas, mas os braços estavam pesados, os olhos estavam pesados e o ar parecia se negar a entrar em seu peito. Sentiu que precisava levantar, mas agora não era mais possível. Ele já passara pelo portão que começava a abrir. Tensão? Emoção? Não, agora não! Estava tudo planejado em sua cabeça. Ninguém descobriria que era ele o responsável. Muitas pessoas poderiam ser suspeitas, e Jaime tinha certeza de que o agente Nunes, o único realmente de confiança, confirmaria que estavam juntos naquele horário. Depois de tudo o que aconteceu, não poderia ser diferente. Puxou o ar com toda força quando ele fez o balão na esquina, mas o ar não veio e o peito sufocou, e os olhos turvaram, e os discretos sons da noite se misturaram, e, de repente, tudo escureceu. Tudo. E todo som sumiu. Então, teve a sensação de que a marquise que o sustentava e escondia começava a cair para frente, e ele caiu, e continuou caindo, num imenso vazio. E mesmo a escuridão, sem formas, sem objetos, parecia rodar, e rodar. Até que parou, e ele voltou a sentir o chão molhado da marquise embaixo do corpo, e grilos e cigarras cantando na árvore quase na sua frente. O mais era silêncio e teve medo de abrir os olhos, pois não sabia quanto tempo passara e se perdera a grande chance de vingar a morte de um inocente. Sentiu que alguém pousava suavemente a mão sobre seu ombro e o apertava levemente. Um calafrio percorreu seu corpo e causou um estremecimento.

Voltou-se lentamente e tive até a impressão de que não ficou surpreso quando eu lhe falei:

– Pai... ainda bem que conseguimos impedir você de fazer isso.

Sim. Eu, Henrique, o filho do delegado Jaime Brandão, o morto que foi convidado a contar esta história para vocês, leitores, e que tive um trabalho imenso, junto com meu instrutor, para "desligar meu pai da tomada" no momento em que iria cometer um crime e comprometer todo seu destino.

Capítulo 2

Para que possamos encadear melhor toda esta trama que vou lhes apresentar, é necessário fazermos algumas viagens no tempo (e como o tempo é extenso!). Por isso vou lhes contar um episódio relacionado diretamente com minha morte física, embora este fato não venha na mesma sequência que vou lhes contar adiante. Por que faço isso? Não sei exatamente, mas sei que será um bom exercício literário. Eu poderia contar uma história linear e ela já seria interessante, acredito, mas li tantos livros escritos assim, que, de certa forma, me nego a cair no lugar-comum, mesmo não tendo experiência como romancista ou mero contador de histórias. O mais interessante é que o escritor que me convidou a escrever este romance pensa exatamente como eu, o que facilita em muito um trabalho que não é nada fácil.

Então, vamos lá. Vamos voltar agora a um pouco mais de um ano, ao mês de abril de 2012, poucos dias antes da minha morte física, na baixada Fluminense, onde uma belina, que um dia havia sido branca, mas que agora era uma mistura de amassados e remendos ainda por pintar, passou lentamente pela rua deserta naquele horário, quase duas horas da madrugada.

O agente Bento, sem tirar os olhos do binóculo, falou para o parceiro, bem baixo:

– Tem gente que pensa que bandido só anda de carrão...

– Este é o tanque deles... é pra levar paulada... mas quem anda de carrão são os cabeças... – respondeu Ávila.

– E será que é hoje mesmo o dia de eles aparecerem? Veja, a belina parou na frente do açougue. Então, a reunião de hoje é com o Gomes.

– O delegado já havia avisado que o Gomes ia receber a turma – falou Ávila, sempre baixo. Estavam de tocaia no telhado de um prédio.

– É, o doutor Jaime anda bem informado. Gosto dele, mas ele tá pisando muito na beira do telhado... pode cair... já se safou uma vez de ser exonerado, não sei...

– Se alguém não se arriscar, nada acontece... e eu acho que sei por que ele tá atrás desta turma... – falou Ávila, sempre muito baixo.

– Sabe?

– Suponho... é que ele nunca se conformou com a lambada que levou na operação Omulu. Só que não pode reabrir o processo... ao menos não ele. Então...

– Então? – perguntou novamente Bento.

– Tá na cara, homem! Esta ação aqui na baixada é uma ponte. Ele quer pegar alguém que tenha ligação com a máfia dos medicamentos, da operação Omulu, que ferrou com a vida dele... daí faz a ligação e reacende o fogo, e o processo tem que ser reaberto.

– Pode ser... ele se empenhou demais nesta... e este pedido de sigilo absoluto dentro de um grupo tão pequeno só pode ser por isso.

– Ei! Olha aquilo... – falou o Ávila, interrompendo o companheiro.

– Caramba! Não pode ser... veja só quem tá lá! Veja só quem saiu do carro! Não pode ser... ele tá dando ordens, como assim? – falou Bento, levantando um pouco a cabeça para ter uma visão melhor e levando logo um puxão do parceiro.

– Abaixa aí, cara... nós tamo metido no meio do inferno... tem bandido pra todo lado agora, não tá vendo? De onde apareceu tanta gente?

Bento abaixou a cabeça novamente, e puxou o celular do bolso, teclando um número de discagem rápida, que logo atendeu:

– Doutor Jaime... chegou uma pessoa aqui... o doutor não vai acreditar... como é que alguém ia desconfiar?

– Bento – falou Ávila, que havia apanhado o binóculo do companheiro – eles estão apontando pra cá... ele tá apontando pra cá, ele sabe que a gente tá aqui...

– Bento? O que houve? Quem chegou aí? – perguntou Jaime no celular, bastante aflito.

– Eles sabem que a gente tá aqui, doutor... tamo ferrado, manda reforço já... tira a gente daqui... parece que já sabiam... era armação, doutor, era armação...

Jaime não teve tempo nem de ligar para o carro de apoio. Lamentou ter ficado na delegacia e seu coração apertou-se quando ouviu os tiros de metralhadora pelo celular do Bento, que ainda estava ligado. Foi uma explosão que fez com que ele tirasse o aparelho do ouvido. Mas o celular não desligou, mesmo com os tiros, e ele ouviu muita conversa do outro lado, até que alguém pediu silêncio e, logo em seguida, falou com ele:

– Em chamada para Jaime Brandão... então, o doutor plantou camarada aqui pra sondar a gente, né mesmo? Vem buscar eles, doutor; manda a ambulância buscar, porque a gente não quer cheiro ruim quando o sol apertar...

Desligou. Ávila e Bento eram bons policiais e sabiam do risco, mas Jaime não acreditava que o risco seria tanto. Estavam bem escondidos e tinham entrado no prédio pela manhã, passando pela eletrônica do Mirto, que colaborava com a polícia. Em minutos um batalhão de policiais entrava pela rua, mas já não tinha mais ninguém por ali. A belina sumira, as motos, que há poucos minutos pareciam moscas zoando de um lado para outro, sumiram. A ação que era para invadir uma reunião de bandidos e prendê-los transformou-se em um resgate de corpos, que estavam no telhado, mas nus, totalmente. Um minuto depois que Jaime chegou ao telhado, um policial subiu dizendo que Mirto, dono da loja do térreo, também estava morto, no andar de baixo. A bandidagem suspeitava dele já fazia um tempo. Como descobriram? Quem era o cara que eles viram chegando e ficaram espantados? Ele ouviu quando Ávila falou que o cara sabia que eles estavam ali, que estava apontando para eles. Então, o sigilo da operação vazou, mais uma vez?

Jaime sentou num degrau de concreto onde ficava a caixa d'água do prédio e colocou a cabeça entre as mãos. Sentia-se culpado pelas mortes. Sempre se sentia culpado por qualquer erro numa ação. Mais aflito que ele estava Lima, agente Pedro de Lima, que andava de um lado para o outro com uma automática na mão, como se quisesse encontrar alguém para descarregar sua ansiedade. Lima voltara ao Rio para aquela operação a pedido do delegado Jaime. As desconfianças que respingaram sobre ele, por ser braço direito de Jaime quando aconteceu a operação Omulu, quase o levaram à loucura. De maneira até inusitada havia conseguido transferência para Petrópolis e não voltara mais. Porém, era amigo de Jaime e de sua confiança, por isso voltara para esta operação.

Era amigo também de Bento e tinha um perrengue mal explicado com Ávila, devido a um suposto envolvimento com a esposa deste. Lima gritava ordens quando chegava à marquise, mas eram ordens repetidas. Seu vozeirão ressoava pela rua e todos sempre se assustavam um pouco quando gritava ou estava agitado.

Os socorristas já haviam levado os dois corpos e somente Jaime e o agente Lima estavam no telhado ainda, quando um som de alguma coisa trepidando começou. Jaime e Lima se olharam e logo entenderam que era o barulho de um celular no *vibracall*. Tinha uma fresta embaixo da caixa d'água e o som vinha dali. Jaime se abaixou e viu que o celular piscava longe do alcance da mão, mas tinha um pedaço de barra de ferro fino, solto na laje, e ele conseguiu puxar o aparelho onde aparecia o nome Tânia, mulher de Ávila. Parou de tocar. Era um celular pequeno e antigo que ele nem deveria estar usando numa operação. Como foi parar ali? Tânia ligou mais duas vezes, mas Jaime não atendeu. Lima pediu para ficar com o fone:

– Deixa que eu conto pra ela... vai ser melhor.

Jaime sabia da ligação de Lima com Tânia, embora ninguém soubesse ao certo qual era o verdadeiro grau desta relação. Eram mesmo só amigos? Chegou a estender o telefone, mas logo lembrou que nele poderia haver informações importantes. Por que Ávila iria jogá-lo para longe? Não seria lógico tê-lo deixado escondido, fora do alcance da mão. Por mais que confiasse no Lima, sabia também que a relação entre Ávila e ele não era boa, exatamente por causa da Tânia; então, falou:

– Deixa comigo... eu mesmo cuido disso – falou Jaime, desligando o celular.

Quando voltou para a delegacia e ficou sozinho na sua sala, ligou novamente o aparelho e começou a vasculhar. Não foi muito longe: no mesmo minuto em que Bento ligava para ele, Ávila mandava uma mensagem para a mulher e nela estava escrita uma frase curta: *"O Boi voltou"*.

– O Boi voltou... O Boi? – pensou Jaime.

Tânia ligou novamente. Quatro e meia, o dia prestes a raiar. Mulher de policial em operação perigosa não dorme. "Ela sabe quem é 'o Boi'."

– Alô!

– Quem? – falou uma mulher, depois de ficar um breve tempo indecisa.

– Delegado Jaime Brandão, Tânia.

– Meu Deus! O que aconteceu?

Jaime respirou profundamente. De certa forma aprendera a conviver com a morte desde que entrara para a polícia e já havia perdido amigos ou conhecidos antes, mas aquela situação sempre seria muito delicada.

– Não conseguimos chegar a tempo – falou.

Não teve resposta do outro lado, apenas um soluço e um barulho. Tânia deixou o celular cair e, por mais que ele tentasse, não conseguiu mais falar com ninguém. Perto das oito horas a notícia já havia corrido e repórteres afoitos imploravam notícias, mas ele estava quieto na sua sala, pensando no 'Boi' e esperando a chegada de Tânia, que mandara buscar. Ela chegou logo em seguida e sentou na frente da mesa, desfeita em lágrimas. Não tinha mais que trinta anos e era uma mulher bonita, mesmo naquele estado. Morena de cabelos pretos e olhar agudo, que perscrutava cada semblante onde pousava. Mas esta observação estava muito mais na memória de Jaime, das vezes que a tinha encontrado, porque agora ela era um fiapo de gente. Lembrou-se de Lúcia, que também passara tantas noites acordadas e mais uma vez uma fisgada de dor cortou seu peito. O tempo já levara mais de seis anos de sua vida desde que ela partiu. Sentiu outra dor, em algum lugar, não sabia onde.

– Não quero segurar você, Tânia... me desculpe mesmo por tê-la trazido aqui, mas preciso saber da mensagem.

– Que mensagem? – perguntou Tânia, aparentemente num reflexo, sem raciocinar sobre a pergunta.

– Ávila mandou uma mensagem minutos, ou mesmo segundos, antes de ser morto. Mandou uma mensagem para você dizendo que 'o Boi' voltou. Por favor, Tânia, 'o Boi' pode ser a pessoa responsável pela morte dele. Não estou perguntando como ele conhecia 'o Boi', só quero saber quem é ele.

Tânia continuou extática, olhando para ele, mas parecendo não registrar a pergunta. De repente, teve um estremecimento, como tivesse acordado, e olhou novamente para Jaime, como se não estivesse entendendo nada do que estava acontecendo. Ficou assim por alguns segundos; depois colocou a mão sobre a boca e começou a chorar. Depois, como se tivesse tido um espasmo, dobrou-se sobre a cadeira e deu um grito. Um grito de dor, de desespero. Quando abriram a porta para ver o que estava acontecendo, Jaime nem viu quem era, apenas levantou a mão e, num gesto, pediu para não entrar ninguém. A mulher demorou mais de dez minutos chorando, mas, aos poucos, o pranto foi diminuindo de intensidade, até que, depois de um suspiro profundo, ela falou:

– O Boi é o marido da Vaca!

Falou com os olhos extasiados e com o ricto de um sorriso nos lábios. Depois começou a rir e a repetir: "O Boi é o marido da Vaca". Repetiu várias vezes, enquanto ria, como uma louca. Levantou da cadeira e dançou pelo escritório, rindo e repetindo sempre a mesma frase. Jaime chamou o inspetor Nunes e pediu ajuda. Logo outros policiais entraram e a levaram para outra sala, mas, da sua, o delegado continuava ouvir a frase: "O Boi é o marido da Vaca!"

Nunes voltou para a sala do delegado e falou, com o seu conhecido sorriso irônico:

– O boi é o marido da vaca, doutor. Descobrimos tudo: o boi é o marido da vaca...

Capítulo 3

Como lhes disse antes, caros leitores... Ah! Antes de continuar quero lhes dizer que uso este recurso de chamá-los de "caros leitores" como uma singela homenagem a este grande escritor espírita chamado Hermínio Correa de Miranda, que também gostava deste artifício e o usava com maestria. Embora minha breve passagem pela matéria nesta jornada, seus livros foram um guia seguro para o principal aprendizado que aí tive, chamado pelos encarnados de espiritismo.

Assim, registrada a minha profunda admiração por ele, vamos continuar. Espero estar conseguindo criar um enredo interessante, a partir do que vivi, antes e depois do desencarne. Como também já lhes disse, não sei exatamente o quanto sou bom em contar uma história e, mesmo tentando não cair no lugar-comum dos romances lineares, estou aqui executando este trabalho porque achei muito interessante o convite que recebi. Sendo assim, vamos adiante, ou melhor, vamos para trás.

Vamos juntos para um tempo mais distante no passado, para o tempo em que realmente começaram as tragédias que nos atingiram posteriormente, como a morte de minha mãe, Lúcia, e a minha. Então, vamos juntos para Florianópolis, em plena temporada de verão, no mês de janeiro de 1992. Lá vamos encontrar meu pai ainda jovem e solteiro, mas por pouco tempo. Ele era um cara boa pinta. Alto, cabelos pretos e intencionalmente um pouco despenteados, olhos muito escuros e um leve ar de carência, que tanto o ajudava.

***

Não era para aquela boate que Jaime queria ir, mas Jorge, seu irmão mais velho, não deixou outra saída. Toda vez que a cunhada viajava, e não eram poucas, Jorge se fazia de solteiro e o irmão era o escudo para longas noites de zoeira. Não se incomodava com isso, porque Jorge, embora ainda bastante novo, era procurador da República e não se importava com o quanto ia gastar nessas noitadas. Mas Jaime não gostava desta boate em especial. Fora nela que conhecera Lívia, a linda gauchinha Lívia, com seu sorriso cândido e delicado sotaque cantado do sul, que amou desesperadamente e a perdeu tão repentinamente quanto o relacionamento havia começado.

Ela estava no balcão do bar, sozinha, e linda. Cabelos castanhos claros caídos em cachos sobre os ombros delicados, de pele branca e lisa. Rodava na mão um copo de whisky cowboy e não era o primeiro que ia jogar para dentro, quando ele, num impulso, colocou a mão sobre o seu braço, bem na hora que ela ia beber. Segundo ela, a causa daquilo era um namoro terminado repentinamente, porque descobrira que o cara era casado. Jaime não resistiu aos olhos molhados de Lívia, por onde escorria sedução e poesia. Em dois meses estavam morando juntos e seu coração acreditou ter conhecido a maior felicidade possível na vida. No quarto mês combinaram o casamento. No sexto mês, um dia antes do casamento, ele encontrou uma carta sobre o travesseiro. Simples, sem delongas:

"Eu amo outro homem. Por favor, não venha atrás de mim – Lívia."

Não foi atrás. No pouco tempo em que estiveram juntos, não chegou a conhecer ninguém da família dela; por isso, quando ela desapareceu, também desapareceu seu rastro em sua vida. Na verdade, ela falara pouco da família, que ainda morava no Rio Grande do Sul. Jaime sabia que o pai dela havia morrido, e que ela havia sido criada por um tio chamado Godoy, nada mais. E nada mais. Acabou! Lívia, com seus olhos tão azuis quanto o destino que deixou de lembrança, desapareceu assim como apareceu. E lá estava Jaime, perdido em lembranças que não conseguia evitar, encostado no mesmo balcão, quando Jorge bateu em seu ombro e encostou nele, já alto e enrolando a língua:

– Olha para aquela mesa, a de minissaia azul brilhante...

– É linda... você sempre teve bom gosto...

– É ela – falou Jorge, com um sorriso nos lábios e nos olhos, que eram peculiares quando tinha aprontado alguma das suas.

– Ela? É melhor você dizer 'qual' delas...

– Lúcia... a psicóloga.

– Nossa! Pensei que ela era mais velha... ela ainda não sabe que você é casado?

– E nem vai saber...

– Mesmo não fazendo tanto tempo que vocês se conhecem, como ela pode não saber?

– Ah! Pra ela eu sou o Dagoberto... empresário em Curitiba, que vem sempre no verão para Florianópolis... igual a quase todo mundo que faz isso... Vou lá, ela já me viu.

Jorge era um sedutor. Muito parecido fisicamente com o irmão, mas de palavra fácil e mais ousado, atencioso e não meloso. Sabia conquistar. Minutos depois, encostou no balcão com Lúcia e pediu uma marguerita para ela; depois olhou discretamente para Jaime e piscou. Saíram dali e foram para um canto, depois da pista de dança, e logo ele viu o irmão abraçar e beijar Lúcia. Porém, seu coração quase parou quando viu quem entrava pela porta principal da boate: Vera, sua cunhada, acompanhada do pai, o juiz Ernesto Santello, famoso pela sua austeridade. Ela deveria estar no Rio; havia viajado na noite anterior e passaria dois dias em inúmeras reuniões pela multinacional de medicamentos que representava. Por que voltara mais cedo? Mas Jaime não tinha tempo para conjecturar. Como uma sombra, deslizou pelo biombo que protegia a entrada e circundou pai e filha, rápido, passando gentilmente, ou nem tanto, pelas tantas pessoas que lotavam a casa, até chegar ao lado do irmão e puxá-lo pelo braço, logo sussurrando no seu ouvido:

– Vá para a porta, código 3.

Ele ainda colocou em Jaime seus olhos esbugalhados e incrédulos, mas sabia que um código 3 não permitia vacilo. Por isso foi em frente, na direção da porta, para logo encontrar a esposa, realmente surpreso, pois jamais esperaria encontrar o juiz Ernesto Santello, seu sogro. Sempre dissera ao irmão mais novo que era muito melhor ser pego bêbado, caído na sarjeta, do que nos braços de outra mulher. Este era o código 3. A última opção.

Enquanto isso, Jaime puxava Lúcia para a pista de dança e dava uma explicação no seu ouvido, que sabia que ela não entenderia, porque falava baixo e o som era alto. Justamente o que necessitava para ganhar alguns minutos, até que o irmão desse conta do impacto inicial. Ainda percebeu que Vera olhava para ele, parada ao lado da pista de dança; por isso tentou ainda mais prender a atenção de Lúcia. Quando explicou pela terceira vez para Lúcia o que estava acontecendo, mas sem explicar nada de fato, ela ficou irritada e virou as costas para ele, indo na direção da saída. Precisava pensar e agir rapidamente, porque poderia ter sido pouco tempo. Então, conseguiu segurá-la e fez com que ela ouvisse pelo menos uma frase:

– Espera eu pagar a conta... depois saímos e eu explico tudo.

Quando saíram, Jorge não estava mais ali, nem a esposa e o sogro. Iam sempre no carro de Jaime, exatamente prevendo situações como esta, em que ele estaria "nitidamente bêbado". Então, Jaime encostou no seu carro, enquanto Lúcia cruzava os braços na sua frente e o fustigava com um olhar ferino. Alguma coisa o atingiu. Os olhos de Lúcia, morena bronzeada, de cabelos muito negros e olhos claros, faiscantes, quase o hipnotizaram. Tinha quase sua altura com aquele salto doze e o deixava um pouco assustado. Envolvido naquele momento e, talvez por ver alguma fragilidade naquela mulher que se esforçava por parecer tão forte, falou. Na verdade, nunca soube ao certo o motivo de ter falado, mas falou:

– O Jorge... quer dizer, o Dagoberto... é casado e mora aqui. A mulher dele deveria estar viajando, mas apareceu de surpresa e ele evitou o pior...

A impressão que teve foi de um castelo desmoronando. Lúcia manteve o olhar carregado de interrogações sobre ele, quase sem piscar, e aquele cintilar meio desordenado e confuso parecia cravar uma lâmina fina no coração de Jaime. Depois de alguns segundos de dureza, aqueles lindos olhos começaram a embaciar e, quando ela finalmente os fechou, uma correnteza de lágrimas já corria pelo seu rosto. "Por que tantas lágrimas?", perguntou a si mesmo. Nem se conheciam direito. Num gesto de carinho sincero, correu o polegar delicadamente pelo caminho das lágrimas, secando o que podia, e depois falou:

– Sem lágrimas eles são mais bonitos...

– Estamos saindo há mais de seis meses – falou Lúcia, ainda de olhos fechados, para a incredulidade de Jaime. Seis meses! Então, o canalha estava enganando até ele.

– Como é que ele conseguiu enganar você tanto tempo? Como é que não descobriu que era casado?

– Como é que eu ia saber se ele disse que morava em Curitiba? – falou ela, agora olhando para ele com um olhar meigo e desesperado, ingênuo e até mesmo tolo, totalmente diferente do olhar que o castigava de alguns minutos atrás.

Jaime não sabia direito o que estava fazendo, mas ergueu os braços e olhou para o céu, depois suspirou. Então, abaixou os braços e puxou Lúcia delicadamente para si, e ela veio, mansa, morna, delicada, e encostou nele toda sua tristeza, toda sua ingenuidade e beleza.

Casaram em menos de um ano. Logo nos dias seguintes foi um temporal. Jorge foi à loucura. Estava perdidamente apaixonado por ela e armava todas as situações possíveis para estar onde ela estava. Sempre meio de surpresa; sempre meio sem combinar muito. Mas já saíam há bastante tempo. Já a levara para "seu apartamento em Curitiba". Sim, havia pedido emprestado o apartamento de um amigo para passar o final de semana com ela e já falava até em casamento. Um louco, mas um louco apaixonado, e ela também. Mas Lúcia, nos seus vinte e três anos e recém-formada em psicologia, era uma pessoa diferenciada. Havia sido envolvida pelo sedutor Jorge Brandão, mas quantas não haviam sido também? Que culpa tinha ela de ser ingênua?

No princípio teve muita raiva, mas os encontros com Jaime foram se sucedendo e, aos poucos, começou a ver nele tudo o que faltava no irmão, e a paixão veio mansa e forte, imensa e determinada a ficar.

Jorge, num arroubo de paixão, chegou a ir até o apartamento do irmão para tentar agredi-lo. Chamou-o de traíra, acusou-o de ter se aproveitado da situação. Chegou a ameaçá-lo de colocar todas as pedras possíveis na sua carreira de advogado, já que a intenção do irmão era subir, fazer concursos, progredir, e ele já estava lá em cima, mesmo com a diferença de apenas quatro anos entre eles. Este "estar lá em cima" se devia quase que totalmente à influência do sogro, o juiz Ernesto Santello. Jorge tinha trinta e dois anos, Jaime, vinte e oito. Esquivando-se das tentativas de agressão do irmão, Jaime pegou o telefone e teclou um número, depois falou:

– Vera? Você tem um tempo para conversar comigo?

– Você não vai contar pra ela, seu cachorro... eu mato você antes... – falou Jorge, baixo, pois o medo que tinha da esposa nunca combinou com seu espírito agressivo. Jaime sabia que atrás daquele medo estava toda a grande fortuna do sogro, além do poder que este tinha de acabar com a sua brilhante carreira.

– Então, pare! – respondeu Jaime, tapando o telefone. – Pare e vá embora... e acredite, se tentar fazer qualquer coisa contra nós, Vera vai ficar sabendo. Entendeu?

– E agora, o que vai falar para ela? Sabe como ela é, vai ficar desconfiada... – falou Jorge, já na porta do apartamento, mostrando seu antigo e grande medo de que a mulher soubesse de qualquer uma das suas aprontadas.

– Só um minuto, Vera, desculpe... o síndico apareceu aqui de repente... eu queria convidar vocês para serem meus padrinhos – falou para que Jorge ouvisse, enquanto fechava a porta e o impedia de reagir mais uma vez. Sabia que Lúcia ia entender o que estava fazendo. Ela tinha o coração doce e sempre disposto a perdoar. Além do mais, já haviam combinado que não poderia haver rusgas dentro da família, para todos viverem em paz.

Então eles casaram. Uma cerimônia simples, não com muita gente, na igreja do Divino Espírito Santo da praça Getúlio Vargas, no centro de Florianópolis. Jorge estava sorridente e gentil, embora o furor que ainda vergastava sua alma. No íntimo, não perdoava o irmão, mas foi com tantas conversas, juramentos e promessas que conseguira segurar seu casamento, depois daquela noite na boate em que fora encontrado bêbado, mas sozinho, que não se atrevia a ter nenhuma outra atitude, a não ser sorrir.

O pai dos dois apareceu de última hora, trazendo consigo Beatriz, a mulher trinta anos mais jovem que ele, o viúvo rico de cidade pequena que foi seduzido no verão de Florianópolis por uma desconhecida caçadora de fortunas. José Carlos Brandão nem era um milionário, mas era rico e isso já justificava o investimento. Havia ganhado um bom dinheiro no comércio de madeira pelo interior do estado, incluindo o norte do Rio Grande do Sul e o sul do Paraná. Mesmo assim, foi com muito sacrifício que os filhos estudaram na capital, e a morte da mãe, Carolina Brandão, dois anos antes, fora uma tragédia para ambos. Nunca souberam exatamente o quanto de dinheiro o pai tinha, sempre arisco quando o assunto era este, mas suspeitavam que ele enriquecera um tanto bruscamente pouco antes de a mãe morrer. Beatriz, a pistoleira, apareceu de repente, durante um cruzeiro pela costa brasileira, e não saiu mais. Não era bem-vinda, por isso o pai, que havia brigado e dito que não iria sem ela, sabendo que o filho detestava um barraco, apareceu de repente.

Então, a cerimônia correu bem, em aparente paz, apesar de tudo e, lá no fundo da igreja, uma mulher clara e de cabelos castanhos cacheados e olhos muito azuis, com o rosto envolto num véu, chorava discretamente. Quando os noivos se viraram para sair, entre sorrisos e aplausos, ela virou as costas e sumiu, antes que pudesse ser notada por qualquer um dos presentes.

Capítulo 4

Eles casaram e foram felizes, enquanto foi possível, na medida do possível. Um ano depois, em 1993, eu nasci. Os fatos acontecidos neste período são comuns e, embora fatos comuns também possam compor um romance, prefiro me ater aos mais significativos. Por isso vou em frente no tempo, pensando em chegar logo àquela fatídica noite de 13 de junho de 2013, quando meu pai estava prestes a cometer um crime.

Sei que aquele foi um período complicado financeiramente, porque meu pai pouco trabalhava, ocupando todo seu tempo estudando para prestar concurso. Ele visava chegar a delegado da polícia federal. Então, minha mãe se desdobrava. Festas e baladas rapidamente ficaram para trás, e ela demonstrou sua fibra e coragem, suportando uma carga imensa de trabalho. Havia se especializado em psicologia da educação e trabalhava para a prefeitura durante o dia e dava aulas de inglês em um cursinho pré-vestibular à noite. Era puxado. Jaime, depois de muitas tentativas, passou no concurso para delegado federal e, dois anos depois da aprovação, em 1998, quando eu tinha cinco anos, para a sua grande surpresa, foi chamado para trabalhar no Rio de Janeiro. Esperava ser mandado para locais distantes, no interior, nunca para o Rio de Janeiro. E a vida toda mudou, porque, no primeiro ano, ele morou lá sozinho.

Jorge, meu tio, que jamais demonstrou muita simpatia por mim, nunca mais teve a mesma amizade com o irmão, o que deixou Vera intrigada. Antes os dois não se largavam; depois do casamento, pareciam dois estranhos. Na verdade, a paixão interrompida ficou estagnada no coração de Jorge, que nunca soube lidar com as negativas da vida. Ele procurou muitas vezes por Lúcia, principalmente no ano em que meu pai estava fora, pensando que poderia reatar um relacionamento às escondidas, mas ela o escorraçava sempre; mesmo assim, ele continuava tentando. Isso causou muitas situações embaraçosas para ela, que fazia de tudo para que meu pai não soubesse da atitude do irmão. Tinha esperança de que um dia aquilo acabasse e de que Jorge tomasse consciência de que estava errado.

Lúcia era um coração naturalmente amoroso que tentava transferir para a prática o que aprendia na ideia recém-chegada em sua vida: a da doutrina espírita. Conheceu melhor o espiritismo, pelo qual já nutria simpatia, no ano em que Jaime já morava no Rio, quando seu pai, o avô Duca, desenvolveu um câncer de intestino. Os caminhos e descaminhos do destino haviam pregado uma peça na família de Lúcia. Seu pai, o avô Duca, era contador e trabalhava para um grande escritório. Curiosamente este escritório fazia a contabilidade da família Santello, e do juiz Ernesto Santello, inclusive. Ela só descobriu isso quando já estavam próximos do casamento, e as aparentes simpatias devido à coincidência sempre carregavam algum tipo de disfarce, de faz de conta, principalmente da parte de Vera e Jorge.

Como o pai estava doente, e a doença era grave, por indicação de amigos, levou-o a complementar seu tratamento médico no recém-criado hospital espírita de Florianópolis, o Núcleo Espírita Nosso Lar, onde conseguiram um resultado até mesmo surpreendente. Os próprios médicos que cuidavam dele ficaram impressionados com sua recuperação. Como seu pai precisou ir muitas vezes até o hospital espírita, ela acabou aprendendo mais, cada vez que ia, sobre a doutrina dos espíritos, que pregava, em sua essência, o amar a Deus sobre todas as coisas e ao próximo como a si mesmo. Bem, o cunhado era o próximo, mesmo que tão longe de qualquer atitude verdadeiramente cristã. Mas ela tentava.

Depois que mudaram para o Rio de Janeiro, não demorou muito para que Jorge, que sabia muito bem se beneficiar da ampla gama de contatos influentes do sogro e agora era procurador da República, também mudasse para a cidade, embora com poucos contatos com o irmão. Vera também transferiu seu cargo dentro da multinacional, que tinha sede no Rio, mesmo com toda pressão contrária do pai, o juiz Ernesto Santello, que, embora carioca, não queria que a filha voltasse para aquela terra violenta, como ele dizia. Curiosamente, meu avô, pai do meu pai, também estava morando no Rio de Janeiro, a pedido da nova esposa, Beatriz, desde antes de os irmãos mudarem para lá. Como sempre, ele continuava se esquivando quando o assunto era dinheiro, mesmo quando os filhos inquiriam de onde estava vindo tanto, já que ele estava, evidentemente, cada vez mais rico.

Como delegado federal, Jaime Brandão investigou a origem da grana e não ficou surpreso ao saber que ele andava metido com máquinas de *videopoker*. Ele não aparecia, apenas financiava, enquanto a mulher detonava boa parte do que ele ganhava nas boutiques mais caras da cidade. Tentou falar para o pai que sabia o que estava acontecendo e que não poderia protegê-lo. Tentou fazê-lo entender que seria muito ruim a notícia de um delegado ter um pai envolvido em ilegalidades, mas o velho fazia de conta que não sabia do que ele estava falando e desconversava. Jaime só pôde falar que não conseguiria protegê-lo se o caso viesse à tona, já que, por conta própria, mesmo sendo seu dever, não teria coragem de agir contra o pai.

Eu estava com seis anos quando vivenciei uma situação que, na época, era muito estranha. Meu pai não tinha vindo almoçar e ficara na delegacia, por isso eu e minha mãe estávamos almoçando sozinhos, quando a campainha começou a tocar insistentemente. Lúcia olhou pelo olho mágico e logo abriu a porta, para Vera entrar apressada, parecendo transtornada. Eu não tinha nenhuma simpatia por ela, que nunca me tratou muito bem, sempre azeda e desconfiada de tudo. Então ela jogou a bolsa no sofá, depois parou na frente de Lúcia e ficou olhando para ela, de braços cruzados, como se esperasse uma explicação.

– O que houve, Vera? O que aconteceu? – foi o que minha mãe perguntou, um tanto embaraçada.

Vera continuou muda, mas era fácil, mesmo para uma criança de seis anos, perceber o quanto estava irritada. Pegou sua bolsa novamente e saiu a passos largos, batendo a porta com muita força. Minha mãe demorou a sentar novamente e somente bastante tempo depois pareceu voltar à realidade de estar almoçando comigo. Suspirou fundo e me serviu mais uma almôndega e encheu meu copo com limonada. Nem reclamou de eu já ter bebido todo o primeiro copo. Ela não comeu mais e, quando eu ia sair da mesa, ela pediu:

– Henrique... melhor papai não saber que tia Vera esteve aqui... afinal, ela nem falou o que queria. Não vamos deixá-lo preocupado à toa.

Lembro que achei estranho ela ter pedido aquilo, porque eu não tinha nem pensado em contar nada ao papai. Mas sei que Lúcia passou o restante do dia em silêncio. Ela deixara toda sua vida profissional em Florianópolis e, por enquanto, ainda estava à deriva no Rio, sem conseguir um trabalho constante.

Neste mesmo dia, o destino costurou um ponto a mais na trama de vida que nos envolvia. Jaime estava almoçando com seu superintendente da polícia federal, chamado Wagner Hauser, em um restaurante próximo ao trabalho. Passariam o dia juntos, já que estavam começando a alinhavar uma operação delicada contra evasão de divisas e lavagem de dinheiro. No final do almoço, Jaime saiu da mesa para ir ao banheiro e, ao entrar por um corredor estreito, trombou de frente com uma mulher que saía do local apressada. Foi um choque forte que quase a derrubou. Jaime foi ágil em evitar que ela caísse, segurando-a pelos braços e puxando-a bastante próxima ao seu corpo. Por instantes ela deixou-se conduzir, porque sentiu que cairia; porém, quando seus olhos se encontraram, foi como se um choque elétrico os repelisse instantaneamente. A mulher pulou para trás, longe do alcance de Jaime, e ficou estarrecida, perplexa na sua frente. Um daqueles minutos intensos e que parecem que não acabam se interpôs entre eles, que ficaram se olhando tomados de incredulidade. Foi meu pai quem quebrou o silêncio:

– Lívia?

Ela não respondeu, abaixou o rosto e passou por ele, que ainda tentou segurá-la, mas não conseguiu. Outras pessoas já haviam congestionado o corredor que ia para o banheiro e, por isso, Lívia conseguiu alguma vantagem, saindo do restaurante às pressas e apanhando um táxi que passava. Jaime ainda pensou em segui-la, mas não podia deixar o superintendente naquela situação. Já a tinha esquecido e agora amava Lúcia, mas queria saber o que havia acontecido; por isso a curiosidade. Passou o resto do dia com dificuldade em se concentrar no trabalho e, quando chegou em casa, ele e Lúcia, cada um por seus próprios motivos, quase não falaram. Ela achou estranho o silêncio dele e chegou a suspeitar que sabia da aparição de Vera; ele pensou que ela estava quieta porque percebeu o seu estado. Ambos não falaram, mas, sabendo agora, como sei, do desenrolar dos fatos, poderiam ter evitado muita tristeza se tivessem conversado e falado dos incidentes, aparentemente tão pequenos.

“... ela acabou aprendendo mais sobre a doutrina dos espíritos, que pregava, em sua essência, o amar a Deus sobre todas as coisas e ao próximo como a si mesmo.”

Capítulo 5

Vera sabia quase tudo a respeito do marido, sempre soube. Sabia que ele não sossegava e estava sempre atrás de uma aventura; no entanto, jamais pensou em separação por isso. Na verdade, ela era passional ao extremo. Era uma mulher linda e fazia sempre questão de mostrar que sabia disso. Elegante, altiva e orgulhosa.

Havia sempre um detetive no encalço do marido e foi num breve tempo em que ela relaxou que Jorge teve um caso mais longo com Lúcia, mas ela descobriu. Quando foi àquela boate, sabia o que ia encontrar. Sabia também que não era só Lúcia. Sabia que o marido era insaciável por conquistas e que ia continuar assim. Fazia questão de descobrir cada caso e dissolver a relação, mas havia um caso que ela não conseguia desvendar. Uma mulher secreta até para ela. Ao menos era o que pensava, porque as pessoas ciumentas se tornam passionais crônicas, com surtos mais agudos com relativa frequência. Assim, estão sempre vendo mais do que existe, supondo mais do que a realidade.

Jorge, por sua vez, descobriu que a mulher colocava detetives no seu encalço. Quando percebeu que ela não o abandonaria por isso, se divertiu com a situação e contra-atacou, colocando detetives para protegê-lo. No fundo, viviam um relacionamento amplamente passional e masoquista. O trunfo que ele tinha nas mãos, e o usava como um joguete, era a tal mulher secreta. Chegou a um ponto em que os falsos segredos se debelaram e ambos discutiam abertamente a situação. Vera perguntava quem era a mulher e ele dizia que ela jamais descobriria. Então, ela pensou que fosse Lúcia. Pensou que os dois haviam retomado a relação e, pensando assim, resolveu encarar minha mãe, num teatro forjado para medir sua reação, num dos ataques de passionalidade aguda.

Saiu do nosso apartamento, num primeiro momento, pensando que Lúcia era inocente; porém, a mente desequilibrada pela passionalidade não consegue jamais harmonia, e logo a suspeita voltou, porque pensou que Lúcia poderia ser mais dissimulada do que ela imaginava. E continuou não conseguindo descobrir quem era a mulher que Jorge ocultava. Resolveu devolver na mesma moeda e ligou para o meu pai dizendo que precisava urgentemente falar com ele.

Os dois se davam bem. Ela sempre tratara com carinho o cunhado, o gatinho, como ela o chamava, para provocar o marido. Mesmo sabendo que o irmão mais novo acobertava algumas aventuras do marido, gostava dele e, quando Jaime foi ao seu encontro, num barzinho na Urca, bem perto de onde ela morava, não perdeu tempo em muitas explicações. Quando chegou, ela levantou e o abraçou demoradamente, depois deu um beijo em seu rosto, mas tão perto dos lábios, que Jaime ficou atônito. Se tivesse algum conhecido por ali, ia entender errado aquele abraço. Logo que sentaram, ela falou:

– Eu quero ter um caso, gatinho.

– O quê? – perguntou Jaime, ainda mais assustado, sem entender direito o que estava acontecendo.

– Não suporto mais somente ser traída... e não adianta fazer essa cara. Eu sei de tudo. Eu sempre soube de tudo, até mesmo que Lúcia era amante dele. Eu sei que ele tem outras, nunca conseguiu parar, mas eu só tive ele até hoje... e estou cansada.

– Ok... no tempo em que Jorge ainda conversava comigo eu sempre alertei que isso um dia ia acontecer. Não posso dizer que ele não merece, mas o que eu tenho a ver com isso?

– Eu quero você!

– O quê?! – perguntou, mais uma vez assustado.

– Ora, eu sempre quis... mas casei com seu irmão. Você não acha que os dois merecem uma vingança nossa?

– Como assim? Os dois? Lúcia não sabia que ele era casado... por que eu iria me vingar dela?

– E você vai acreditar que ela realmente não sabia? E você vai acreditar que eles nunca mais se encontraram? Ora, gatinho... não seja tão ingênuo... além do mais, você é um homem, eu sou uma mulher... meu apartamento é aqui ao lado e fico sozinha até a noite...

Jaime não respondeu. Levantou da mesa e foi embora, realmente indignado. Reconhecia a beleza da cunhada, mas jamais passara pela sua cabeça uma situação como aquela. Foi embora injuriado; porém, não foi impassível à insinuação de que Lúcia poderia ter encontrado Jorge mais vezes. Na verdade, arrependeu-se de não ter perguntado à Vera se ela sabia alguma coisa concreta, mas não quis voltar, não queria mais vê-la. Quando entrou no seu carro, recebeu uma mensagem no celular: "Vc ainda vai mudar de ideia."

O que Jaime não sabia era a verdadeira intenção de Vera. É claro que ela estava preparada para a possibilidade de ele topar.

Não tinha pudores em ter uma relação com o cunhado, ainda mais pensando sempre em se vingar do marido. Na verdade, se ele topasse, seu plano ficaria completo, pois, pela manhã, Lúcia havia encontrado um bilhete no para-brisa do carro:

"Jaime tem uma amante. Eles vão se encontrar logo depois do almoço no Bar Urca."

Lúcia pensou em esperar o marido e mostrar o bilhete, mas alguma coisa de feminilidade comum vibrou dentro dela. Não gostava de situações assim, mas... e se fosse verdade? Jamais passara pela sua cabeça essa possibilidade, mas sempre ouvia que homem algum era de confiança. Então, quando Jaime saiu irritado do restaurante, ela estava lá, encostada na mureta que dava para o mar, atrás de uma árvore, mas com boa visão através das janelas do barzinho. Aquele abraço carinhoso feriu seu coração e, da distância em que estava, não dava para saber se aquele beijo foi no rosto ou na boca. O que significava aquilo? Vera e Jaime?

Lúcia era psicóloga. Embora especializada em outra área, entendia bem o comportamento humano, mas não conseguia entender o que significava aquilo. A vontade era de ir atrás de Jaime e perguntar o que estava acontecendo, mas conteve o ímpeto. Quando Jaime chegou em casa à noite, ela não perguntou nada. Preferiu investigar mais, esperar mais para ter certeza. Ainda não queria acreditar que o marido fosse capaz disso.

Logo que Jaime chegou ao seu escritório, na manhã do dia seguinte, Vera ligou para ele:

– Oi, gatinho. Já mudou de ideia?

– Vera, por favor...

– Tudo bem, só me diga uma coisa... uma só... como Lúcia tratou você ontem à noite?

– O que uma coisa tem a ver com outra?

– Como ela tratou você, gatinho?

– Normal... como sempre me tratou... um pouco mais quieta...

– Quieta? Como assim?

– Não sei, Vera... ela não estava pra muita conversa, e eu também não...

– Eles estão se encontrando, gatinho – falou Vera, com um suspiro.

– Vera... eu tenho que trabalhar...

– Eu tenho certeza de que eles estão se encontrando. Jorge tem uma mulher secreta... uma que eu nunca consegui descobrir. A não ser que você saiba quem é ela e me conte...

– Eu não sei de nada... Jorge quase não fala mais comigo.

– Então, a mulher secreta é Lúcia e você é um cego que não quer ver – falou e desligou o telefone.

Jaime ficou ainda mais irritado e saiu para a rua. Gostava de caminhar a esmo quando estava tenso; isso o ajudava a relaxar. Estava tomando um café quando a viu, novamente. Lívia parou exatamente na frente do café onde ele estava, para ler uma mensagem no celular e ficou ali quase um minuto. Quando tentou continuar caminhando, Jaime estava parado na sua frente e ela quase derrubou o celular das mãos.

– Hoje você não vai fugir – falou.

Lívia não falou nada, tentando demonstrar que não tinha se assustado com a sua presença. Olhou para o lado e indicou uma mesa vazia, no café onde Jaime já estava. Depois de o garçom servir mais um café, e depois de um longo silêncio, ela falou:

– Ele se separou e me procurou...

– Ele? O cara que era casado?

– Sim... eu ainda o amava, mas não queria machucar você. Eu sei que machuquei, mas poderia ser mais... bem mais. Por isso, fugi...

Jaime não quis questionar. Na verdade, não tinha o que questionar. O recado dela no bilhete era explicito e contundente, e a explicação dela, agora, coerente. Lívia não olhava para ele enquanto mexia com a colherzinha do café, sem prestar atenção no que fazia. Quando olhou, seus olhos molhados confirmavam a verdade de suas palavras.

– Um dia... se puder... me perdoe...

– E o que você faz por aqui? – perguntou Jaime, ignorando o pedido dela, como se isso fosse mesmo dispensável. – Como veio parar no Rio?

– Estou trabalhando com turismo. Monto pacotes para a Europa, fico muito tempo fora... os grupos saem daqui e de São Paulo; então, foi mais fácil vir morar aqui. Eu sabia que você estava por aqui...

– Sabia?

– Eu sempre soube tudo sobre você. Minha consciência nunca me deixou em paz. Sei que não foi legal o que eu fiz, é claro... você tinha sido muito bom comigo.

– E... e ele... vocês ainda estão juntos... casaram?

– Bem, isso é meio complicado. Ele é mais velho, a separação dele foi confusa... a mulher não largou do pé... ficou doente...

– Ah! Como sempre... o mesmo argumento de sempre. Mas vocês ainda se encontram?

– Acho que não vem ao caso responder isso... mas me diga de você, seu filho, sua esposa...

– Pensei que soubesse tudo a meu respeito.

– Lúcia e Henrique... eles são lindos, você merece...

– Quem é ele?

Lívia acusou um leve tremor no olhar e deixou cair a colherzinha no chão. Como era ela linda! Jaime, por mais que amasse Lúcia, não conseguia disfarçar a admiração pela beleza de Lívia. A pergunta que fez era composta muito mais de passionalidade do que de curiosidade.

– É o Jorge, não é? O cara casado que arrebentou tua vida é o meu irmão, não é? – voltou a perguntar.

Lívia abaixou mais uma vez os olhos e não respondeu, mas suas lágrimas secaram. Por segundos pareceu tomada de indignação, até que levantou e saiu, sem dizer mais nada. Um minuto depois voltou e apanhou o celular que havia deixado sobre a mesa. Não disse mais nada, virou as costas e foi embora, mas, enquanto caminhava, teve que abrir a bolsa para colocar o celular, e não viu que um pequeno papel caiu de dentro dela. O papel voou com uma rajada de vento antes mesmo de tocar o chão e veio parar bem na frente de Jaime, que apenas se arcou na cadeira e o apanhou. Era um cartão:

"Lívia Pazianotto – viagens internacionais"

Um telefone e um e-mail, mais nada.

Capítulo 6

Por mais que Jaime não quisesse, um sentimento pesado começou a crescer onde antes moravam as boas lembranças do seu irmão. Bastava pensar em Jorge que alguma coisa arranhava dentro dele e doía. Nunca soube que ele tinha tentado se aproximar de Lúcia, várias vezes, por sinal, mas sabia que isso era possível. Nunca soube quem era o cara casado que Lívia amava, mas sempre pensou na possibilidade de ser ele. Ódio? Nem tanto. Rancor? Sim, rancor a um passo do abismo do ódio. Seu coração lhe dizia que Lúcia jamais o trairia, mas as palavras pesadas de Vera e o encontro com Lívia o azedaram.

O grande erro dos meus pais foi o silêncio. Eu creio que bastava uma palavra de um ou de outro para que tudo se esclarecesse, mas, como fazem muitos casais, às vezes até por amarem demais, ficaram com medo de ferir, como se tocar no assunto fosse jogar uma pedra no espelho d'água dos sentimentos. É fácil perceber que alguns casais dados à passionalidade levam seus relacionamentos por muito mais tempo do que os que se cozinham por dentro e nada falam. Nem um nem outro é certo. No caso dos meus pais, ninguém queria ofuscar, turvar, e o silêncio parecia ser um manto que cobria a dor e a dúvida. Então, o silêncio foi se infiltrando dentro da nossa casa, e as dúvidas não foram sanadas, e o amor foi sentar-se e descansar um pouco num canto, dando lugar à rotina das ações mecânicas que fazem parte da vida.

Em um aspecto mais amplo, a nossa família estava fragmentada. Os pais de minha mãe moravam em Florianópolis e nos víamos pouco. O pai do meu pai eu nem poderia chamar de avô, de tão pouco que o via. Vivia a vida com sua nova esposa, em cassinos clandestinos ou viajando para cidades onde o jogo era livre, e estava cada vez mais rico. Meu tio, Jorge Brandão, procurador da República, nunca nos visitava, por óbvias razões, e, depois do que aconteceu, Vera também não deu mais as caras. Todas estas relações foram substituídas pelo silêncio, mas não o silêncio salutar, que acalma as dores e fortalece as pessoas com o tempo, mas sim um silêncio dorido, desconfiado, embolorado, por onde as ramas do rancor lançam raízes finas e profundas.

Outras pessoas apareceram, amigos, como era o caso do agente Lima, braço direito do meu pai e, agora, seu amigo muito próximo. Lima era mais velho que Jaime e já tinha sido casado, mas não gostava de falar do passado. Jaime sabia que ele viera de Porto Alegre para recomeçar a vida, mas não sabia qual o fim que exigira um recomeço. Como não era de sua conta, não quis saber mais que isso. Fazia algum tempo, uma meia-irmã veio morar com ele, a Patrícia, mas Lima não deu nenhuma explicação sobre isso também. Vivia como um solteirão, boa vida, mas que levava o trabalho muito a sério. Estavam sempre juntos.

Dois anos se passaram desta forma, mas era hora de as coisas começarem a mudar. Agora, do outro lado da vida, entendendo um pouco mais os melindres evolutivos que nos cercam, compreendo melhor os caminhos que o destino encontrou para romper os muros de cada um. Desde aquele almoço com Wagner, seu superintendente, Jaime estava trabalhando na investigação de uma organização criminosa do alto escalão. A partir da promulgação da lei do colarinho branco,[1] o crime de evasão de divisas e sonegação fiscal estava sendo tratado como prioridade no âmbito federal, obviamente pelas vultosas quantias envolvidas. Então, numa manhã de segunda-feira, Jaime encontrou uma pasta preta cheia de documentos na sua mesa. Era o relatório preliminar das investigações que estava comandando e sabia que uma equipe de investigadores havia se sacrificado muito nos últimos meses até que aquele relatório chegasse até ele. Na primeira página estava escrito:

Confidencial

Operação Omulu

Pediu à secretária para não ser incomodado e começou a ler. Desde o primeiro momento já se deparou com nomes conhecidos, tanto dele, quanto do público em geral, o que já demonstrava que o caso iria tomar vulto na imprensa. O centro da investigação era o desvio de verbas do SUS na compra de medicamentos. Não era novidade para ele que a multinacional de medicamentos onde Vera trabalhava estava envolvida, mas não sabia que o esquema se aproximava tanto dela. Vera era citada como uma das cabeças da organização. Não demorou a encontrar o nome do próprio irmão, que, por ser procurador da República,

[1] Lei nº 7.492/86 de 16 de junho de 1986.

protegia judicialmente os contatos entre empresas e políticos. Alguns nomes ele não tinha a mínima ideia de quem eram, mas um nome saltou das páginas e soltou um direto de direita em seu rosto: Lívia Pazzianoto! Provável doleira responsável pelas remessas de dinheiro para o exterior. Era isso que ela fazia se disfarçando de agente de viagens? Existia uma ligação entre ela e Jorge, de fato? Então, ele não estava errado.

O superintendente Wagner, responsável pela ação, ainda perguntou se Jaime, pelo envolvimento de familiares, queria sair do caso. Realmente ele ficou na dúvida, mas optou por continuar. Lei era lei. Já pesava em sua consciência não processar o pai, que estava envolvido com uma máfia mais baixa, a dos jogos de azar. Porém, foi o clima azedo entre ele e o irmão que realmente o fez decidir por continuar. Logo no dia seguinte, depois de uma reunião com agentes e outros delegados, a ação realmente começou. Escutas, quebra de sigilos e paciência. Não seria uma ação curta, mesmo porque os valores eram muito altos e os envolvidos, figuras públicas de destaque.

“... substituídas pelo silêncio, mas não o silêncio salutar, que acalma as dores e fortalece as pessoas com o tempo, mas sim um silêncio dorido, desconfiado, embolorado, por onde as ramas do rancor lançam raízes finas e profundas.”

Capítulo 7

No mesmo dia em que Jaime recebia o relatório preliminar e começava efetivamente a ação, não muito distante dele, na sala de reuniões de um hotel de luxo, outro grupo, também bastante organizado, se reunia. Eram nove pessoas, cinco homens e quatro mulheres. Um senhor gordo, porém muito bem vestido, com as papadas saltando do colarinho (branco), tomou a palavra e pediu a atenção dos demais. Ele tinha o cabelo ruivo cortado rente e, contrastando com a face branca, seus olhos eram de um azul-escuro brilhante. Mesmo a sala de reuniões estando com a temperatura bastante baixa, ele suava, demonstrando alguma irritação:

– Gostaria que soubessem que, como foi programado, neste momento em que aqui nos reunimos, o delegado Jaime Brandão está também reunido com um grupo de policiais federais, planejando a ação de combate à nossa organização. Algumas pessoas aqui presentes têm seus nomes num relatório que foi levantado nos últimos meses.

– Sim, mas sabíamos que isso iria acontecer, desde o início... programamos isso desde o princípio, não foi? – falou uma mulher, na casa dos quarenta anos, mas que se vestia e se maquiava como se tentasse aparentar vinte.

– Sim, sabíamos... – respondeu o gordo suado.

– Então, o assunto desta reunião não é este. Ora, Hefesto, sabe que não gosto de perder tempo com trololós... Vamos direto ao que interessa. Qual é o próximo passo? – falou a mulher.

– Precisamos nos infiltrar mais. No momento temos poucos membros infiltrados e não em todos os níveis. Isto requer contatos e, principalmente, investimento. Todos sabem que não podemos requisitar fundos do poder central. O dinheiro deve provir das reservas do nosso próprio grupo. Todos sabem, também, que subornar pode custar caro. Os cálculos preliminares que fiz me remetem a uma soma individual de um milhão de reais.

– Ah! Então é por isso que está suando, Hefesto? É por isso que está tão irritado? Vai ter que mexer nos seus fundos, tão arduamente conquistados...

– De todos eu sou o que tenho menos condições, Hera. Acho que precisaremos recorrer aos financiadores...

– Entrou neste esquema porque quis e sempre soube das condições; então, não reclame.

– Até agora não reclamei de nada, a não ser que algumas gotas de suor representem uma reclamação para você – retrucou o gordo e suado Hefesto.

– Ora, vocês vão começar a discutir de novo – falou outro homem, também elegante, usando um terno negro muito bem assentado. – Não estou aqui para ouvir discussões. Você falou em um milhão por pessoa? São nove milhões de reais! Tem certeza desses valores? A quem vamos ter que subornar? O presidente?

– A quem for necessário, Ares – respondeu Hefesto, com um sorriso sarcástico. – Alguns subornamos apenas oferecendo permanência no emprego; outros, proteção financeira... mas há os que já têm isso... então, o custo pode ser alto. Mas quero lhes dizer que não estamos aqui somente para isso. A nossa defesa já está bem preparada, mas precisamos começar a planejar o nosso contra-ataque. Na frente de vocês tem um dossiê sobre cada policial que vai trabalhar contra nós. Leiam com muita atenção e identifiquem os pontos vulneráveis de cada um, principalmente do delegado Jaime Brandão, obviamente. Ele já é estudado há bastante tempo, como sabem, mas toda informação adicional é bem-vinda.

– E do superintendente Wagner Hauser? – perguntou a mesma mulher.

– Este está acima de qualquer suspeita – respondeu Hefesto, com seriedade.

– Não seria interessante cada um de nós ficar responsável por um ou dois policiais? – perguntou Ares, o homem elegante.

– Não. Quero que todos façam o mesmo trabalho. Na próxima reunião uniremos as análises individuais e as cruzaremos. As que estiverem coincidentes nos indicarão o caminho a seguir.

– Mais alguma coisa? – perguntou Hera, ainda irritada.

– Sim – respondeu o gordo Hefesto, que agora não mais suava, puxando para sua frente uma caixa onde havia algumas bolinhas de papel amassado. – Cada um vai tirar um papel desta caixa. Não podemos mais usar os mesmos nomes para nossos encontros e trocas de informações. Cada um vai usar um pseudônimo novo.

– Mas por sorteio, não poderemos escolher, como fizemos com os deuses gregos? – perguntou um senhor mais velho que até agora se mantivera quieto, como a maioria.

– Sim, Dionísio, por sorteio, para evitarmos confusões tolas como na última escolha.

– E o que vai ser agora? Mitologia nórdica? – perguntou Dionísio.

– Algo mais simples; logo vai descobrir.

Depois de a caixa rodar a mesa e cada um pegar sua bolinha de papel e abrir, não sem deixar escapar um sorriso ou um escárnio, Hefesto continuou:

– Como das outras vezes, cada um vai falar seu pseudônimo e os outros terão que memorizar. Vamos começar, com calma e deixando um tempo depois de falar. Começo por mim. Meu pseudônimo é: Camelo.

E assim os demais foram dizendo seus novos nomes, em sequência e com um bom espaçamento de tempo, para que todos memorizassem: Urso, Gato, Leão, Pata, Galo, Hiena... Vaca, Boi.

– Tenho certeza de que você colocou vaca pensando na possibilidade de que eu pegasse, não é, Hefesto? – falou Hera, ao sair da sala de reuniões.

– Camelo, agora meu nome é Camelo; acostume-se a isso.

“Você falou em um milhão por pessoa? São nove milhões de reais! Tem certeza desses valores? A quem vamos ter que subornar? O presidente?”

Capítulo 8

O que eu vi nos meses seguintes, caros leitores, não é uma coisa boa de lembrar. Lúcia conseguiu um emprego novamente, agora numa escola particular, como psicóloga e orientadora pedagógica, além de professora de inglês. Isso ocupava bastante seu tempo, enquanto Jaime não tinha mais tempo nenhum. De certa forma, a falta de tempo veio a calhar para que ambos se justificassem, enquanto o carinho ia, a cada dia, sendo dissolvido pelo silêncio. E eu, no meio disso, recebia arroubos de sentimentos irregulares. A sensação que tinha era de que se lembravam de mim só de vez em quando. Mas hoje sei que essa impressão era apenas decorrente da minha idade e, obviamente, por não ter condições de interpretar adequadamente a situação.

A imensa maioria dos pais pensa nos filhos, e muito, só que também são filhos, e também são imaturos e, por isso, muitas vezes não sabem lidar com a situação. O torvelinho de aflições diárias pela carga de trabalho, além das mágoas silenciosas que cada um alimentava, e por serem apenas seres humanos, os alienava um pouco das minhas necessidades, mas é claro que me amavam. Quando se davam conta disso, cada um, ou os dois juntos, quase me sufocava, para depois advir um novo período de distanciamento.

Um dia, uma quinta-feira, fiquei surpreso em encontrar meu pai em casa para o almoço. Fazia tempo que ele não fazia isso durante a semana. Mais surpreso ainda foi quando soube que ele passaria o restante do dia comigo, porque, nas quintas-feiras, eu não tinha outra atividade. Fomos para a praia e foi divertido, muito divertido. Nesta época eu estava com dez anos e fizemos muitas coisas. Lembro que o que me deixou mais feliz foi o celular tocar quase o tempo todo e ele olhar e não atender. Isso era o máximo e eu me sentia 'o cara': meu pai, um delegado federal, e eu já tinha ideia do que isso significava, dava mais importância a mim do que aos telefonemas, que não paravam. Uma hora o celular tocou e ele entregou para eu atender. Na telinha do aparelho estava minha mãe, com o sorriso mais lindo que ela tinha:

– Henrique, eu queria falar com você mesmo... o avô Duca acabou de ligar. Eles conseguiram comprar uma casa aqui no Rio e vão mudar para cá... uma casa com piscina, Henrique... uma casa linda com piscina, igual à que eles têm lá em Florianópolis. Não é o máximo?

É claro que era, mas nem tanto pela casa com piscina, mas sim por ter os avós por perto. Eu era uma criança sem avós e, mesmo naquela idade, sabia bem que, se eles estivessem por perto, supririam um pouco a falta de Jaime e Lúcia. Então, saltitei pela areia como um cabrito, fazendo com que meu pai me chamasse, pois estava jogando areia, sem querer, nas pessoas próximas.

Sentei na areia na frente dele e fiquei ouvindo o que ele e Lúcia conversavam. Já era outro assunto:

– As outras operações vão bem e isso pesa contra mim...

–...

–... todos que estão por perto sabem que não é isso, mas o pessoal lá de cima acha que estou protegendo a família... não estou, mas também nunca vi uma operação tão amarrada. Nada do que tentamos flui... nada...

–...

–... é claro que tem... tá evidente que estão bem assessorados... se infiltraram e sabem todos os nossos passos. Tenho certeza de que tem gente próxima a mim passando informações. Além do mais, nossos pedidos de quebra de sigilo não andam, batem e voltam; os suspeitos que conseguimos interceptar tratam os outros por apelidos, o que não arrasta mais suspeitos, e a ação trava. Nossos pedidos para escutas telefônicas também demoram. Enquanto isso, eles continuam roubando descaradamente...

Enquanto meu pai falava, uma bola bateu nas minhas costas. Ah! Uma bola linda! E não muito longe um menino fez sinal para que eu devolvesse. Levantei e fui levando a bola pelo Maraca lotado, que me aplaudia e gritava meu nome. Ginguei para cá, fiz de conta que fui para lá e voltei, armei o chute e... parei. O menino estava a um metro de mim.

– Quer brincar? – perguntou.

Que dúvida! Olhei para o meu pai e ele fez sinal de positivo, enquanto ainda falava com Lúcia no telefone. O menino roubou a bola dos meus pés e partiu em velocidade. Caramba! Ele era bom de bola, mas logo consegui roubar a bola e dei uma caneta nele, que xingou e veio atrás, mas eu era bom e fui indo, e fui indo, com ele me cercando, até que, de repente, ele não estava mais ali. Cadê ele? Desistiu por entender que eu era craque?

Quando me dei conta já estava sendo levantado por um cara muito forte. Na brincadeira o menino me levou para perto da calçada e, em segundos, me jogavam dentro de uma van e fechavam a porta. Só gritei quando não dava mais tempo de nada, mas ainda vi meu pai em pé na areia, olhando para todo lado, sem me achar. A van saiu, sem pressa, como se não estivesse fazendo nada de errado. Eu gritei como um desesperado, até que o menino que brincava comigo apareceu no banco da frente, virou para trás e fez sinal com o dedo para eu ficar quieto, depois falou:

– Não grite... ninguém vai te fazer nada... acredite. Daqui a pouco você tá em casa...

E foi isso que aconteceu. Foram direto para minha casa e, um pouco antes de a van parar, um cara que estava no último banco e que não falara nada até aquele momento, pulou para o meu lado e me entregou um envelope:

– Sobe e entrega isso pra tua mãe... entendeu? Se não entregar, da próxima vez não devolvemos você... entendeu?

Eu tremia dos pés à cabeça. Quando me deixaram sozinho na frente do prédio, percebi que estava com a bermuda encharcada. Que feio! Como eu ia explicar isso para o meu pai? Dali para frente a confusão foi grande. Nem precisei subir. Minha mãe estava saindo de carro pela porta da garagem e teve um susto quando me viu, quase quebrando a cancela de segurança e batendo no canteiro de flores. Correu para mim e me abraçou, desesperada, chorando como uma criança. Eu ainda quis fazê-la entender que não podia me abraçar, porque eu estava molhado de xixi, mas não adiantou. Não demorou para que um batalhão de soldados chegasse e no meio deles estava meu pai, que também ficou um longo tempo comigo abraçado no seu colo, enquanto eu sentia seu peito sufocar soluços. Não deixou de ser interessante descobrir que, em algumas situações, ninguém dá a mínima se você molhou as calças.

No envelope, que somente muito depois consegui entregar para minha mãe, como haviam me pedido, estava escrito, numa letra muito feia:

"Da próxima vez ele não volta".

Capítulo 9

A notícia se espalhou por jornais, internet, televisão. Embora não fosse bom para a investigação que Jaime conduzia, não houve como conter a saga dos repórteres, sedentos por alguma coisa que nem eles sabiam bem o que era. Mas este fogo passou rápido, porque mataram outra pessoa, um político da Itália apareceu com uma amante ou um árbitro não apitou um impedimento claro, e logo tudo voltou ao normal. Quer dizer, quase ao normal. Mesmo meu pai dizendo que a intenção do sequestro era apenas intimidar, daquele dia em diante minha vida não foi mais a mesma. Eu não dava um passo sem ter alguém cuidando de mim. Meu pai contratou segurança particular, que me seguia para todo lado. A boa sensação de ser o centro das atenções logo foi substituída pela irritação de parecer um ser estranho, diferente. Os amigos da escola, os professores, todos me tratavam com algum grau de diferença, e isso me incomodava. É claro que meus pais ficaram mais próximos, mas era uma proximidade preocupada e menos carinhosa do que antes.

Num sábado, eu aprontei. Quando o cara que me acompanhava vacilou, escapei. Não tinha nenhum lugar definido para ir, mas acabei parando na casa do Cléber, amigo do colégio e que não morava longe. Ele achou um barato minha fuga mas lembrou as consequências que isso poderia ter:

– Cara! Você vai se ferrar... e eu posso me ferrar também, mas vamos ver no que isso vai dar...

Não deu em muita coisa. Duas horas depois os pais de Cléber chegaram e logo ligaram para os meus pais. O telefone tocara antes muitas vezes, mas a gente não atendeu. Pouco depois eu estava em casa, mas, ao contrário do que pensava, não brigaram comigo. Falaram para eu ir para o quarto e não sair, mas não brigaram comigo e, assim, não me deram a chance de argumentar. Não ouviram o que eu tinha a dizer. É claro que eu tinha medo se ser sequestrado novamente, mas o que estava acontecendo, na minha cabeça, era um exagero. Agora entendo que o que eu queria mesmo era mais atenção deles. Queria os dois por perto, colados em mim, e não pessoas estranhas.

Naquela noite, Lúcia e Jaime tinham um aniversário para ir e eu soube que a Patrícia, irmã do Lima, ou meia-irmã, como ele mesmo dizia, viria ficar comigo. Ela tinha vindo morar com ele não fazia muito tempo; por isso não a conhecia, e não queria conhecer; então, me tranquei no quarto. Ouvi quando ela chegou e trocou algumas palavras com minha mãe, mas continuei no quarto.

– Ele vai ter fome e vai sair, não se preocupe. Deixei o jantar dele pronto no micro-ondas; ele sabe como fazer...

Perto da meia-noite a fome realmente apertou e saí do quarto, em silêncio, e fui até a cozinha. A irmã do Lima estava dormindo no sofá, mas eu só via os seus pés esticados para fora, na penumbra. Peguei o vidro de bolachas, uma caixinha de suco e voltei para o quarto. Ligar o micro-ondas iria acordá-la e queria me manter isolado. Só que deixei a porta sem chavear e, quando o sono começava a pesar nos meus olhos, a porta se abriu e ela entrou. Eu ainda quis reclamar, mas ela colocou o dedo na frente dos lábios e depois sorriu. Foi um sorriso encantador, fazendo-me ficar quieto.

– Eu queria falar só um pouquinho com você... posso?

– Eu tava quase dormindo... – respondi.

– Eu sei, por isso não vou demorar.

– E o que você quer?

– Não muita coisa... só queria que você tentasse entender melhor o que está acontecendo. Acho que você, mesmo tão novo, poderia ajudar mais os seus pais e não ficar só esperando que eles ajudem você...

Fiquei olhando para ela sem entender o que queria dizer com aquilo. Era simpática, mas não era parecida com o Lima. Ela era quase loira e Lima moreno, e era mais velha do que eu imaginava, até mais velha que minha mãe, e usava um vestido azul-claro meio estranho.

– Ajudar? – perguntei, ainda sem entender.

– Sim... sabe, os casais têm muita dificuldade no dia a dia. É muito problema para resolver, muito trabalho. É tanta coisa que, mesmo que se amem, acabam ficando cansados e perdem um pouco do carinho. Só que um filho sempre é um ponto de ligação entre os dois. Eu sei que você está chateado porque eles parecem distantes, porque só se preocupam com a sua segurança e não com a sua diversão, mas eles amam você... e amam muito. Dariam a vida por você sem vacilar um segundo.

Como ela poderia saber o que eu sentia? Minha mãe era psicóloga e devia ter conversado com ela, mas era estranho ela tocar tão direto na ferida. Fiquei meio desconsertado e meus olhos se encheram de lágrimas.

– E o que eu posso fazer?

– Você não quer mais carinho?

– Sim...

– E você nunca ouviu falar que quanto mais se dá mais se recebe?

– Como assim?

– Se você quer carinho, dê mais carinho. Olha só, normalmente você espera que eles cuidem de você; que eles venham e o abracem, mas quando você faz isso? Quando você vai e os abraça e beija? Quando você pergunta o que vão fazer juntos no fim de semana? Quando você pergunta se têm um tempinho no trabalho de cada um para poderem ficar juntos?

Nesta altura minhas lágrimas já encharcavam meu rosto e os soluços balançavam meu peito. Ela falava com calma e acariciava minha cabeça, e sua mão era morna e macia. Então, ela me empurrou delicadamente para o travesseiro, para que eu deitasse, depois continuou:

– Eu sei que você ainda é muito novinho para ser cobrado, mas lembre que eles são muito bacanas, mas muito bacanas mesmo... e, sabe, vou lhe dizer, na verdade, eles estão precisando muito que você faça isso. Vão se sentir melhores, vão ser mais felizes. Gente grande é apenas uma criança que cresceu... então, vai lá, viva mais com eles...

Gente grande é apenas uma criança que cresceu! Esta frase ficou na minha memória. Quando eu já estava quase apagando, ela se debruçou sobre mim e beijou minha testa. Eu fiquei feliz, muito feliz. Depois ainda ela colocou a ponta do indicador na minha testa, um pouco acima dos olhos, exatamente onde tinha beijado, e fez uma leve pressão. Aquilo parece que me fez dormir muito mais rápido ainda. Apaguei.

Pela manhã, a primeira coisa que lembrei foi dela. Pulei da cama e fui para a sala, querendo vê-la novamente. Na passagem pela porta da cozinha vi que minha mãe já estava em pé e preparava o café.

– Ei... dorminhoco, acordou tarde, né...

Tarde! Só então vi, no relógio da cozinha, que já eram dez horas. Eu sempre acordava perto das sete. Havia uma mulher desconhecida sentada com ela na mesa da cozinha, esperando o café ficar pronto.

– Vem cá me dar um beijo e conhecer a Patrícia... Ela me disse que você não saiu do quarto, mas eu já contei pra ela que você roubou as bolachas...

– Quem é ela? – perguntei, achando aquilo estranho.

– Ela é a Patrícia... a irmão do Lima...

– Não... ela não é a irmã do Lima.

– Como assim, Henrique? – perguntou minha mãe, ainda com um sorriso no rosto.

– A irmã do Lima é loira, e mais velha. Ela entrou no meu quarto e conversou bastante comigo ontem à noite... Esta não é a irmã do Lima – respondi, agora achando ainda mais estranha a situação, porque a Patrícia, que me olhava estupefata, era muito parecida com o Lima, morena como ele e mais jovem do que minha mãe.

– Não estou entendendo a brincadeira – falou Lúcia, agora sem sorrir.

Eu fiquei nervoso e meus olhos molharam de novo. Quis falar, mas a voz não saiu. Então, voltei para o meu quarto e pulei na cama. Não entendia o que estava acontecendo. Não era aquela mulher que tinha falado comigo e tinha sido tão bom. Por que tinha que ser outra pessoa? Por que uma coisa boa como aquela não podia ser verdade?

Algum tempo depois, Lúcia entrou no quarto, sentou ao meu lado e acariciou meu rosto. Tinha os olhos um pouco molhados também, mas sorria com carinho.

– A mamãe não está chateada com você... só quer saber o que está acontecendo.

Então, eu contei. Contei sobre a mulher loira, muito legal, que entrou no meu quarto e conversou comigo, e que não era aquela morena que estava na mesa da cozinha. Contei o que ela me falou, chorando, com soluços entrecortando o que eu falava, fazendo com que minha mãe me pedisse calma e me cobrisse de carinhos, várias vezes (e eu estava adorando isso).

Depois que contei tudo, ela ficou me olhando por um longo tempo, com alguma perplexidade no olhar.

– Ela colocou o dedo na sua testa assim? – perguntou, repetindo o mesmo gesto da loira.

– Sim... bem assim.

– E você dormiu logo?

– Quase na mesma hora.

– E ela não disse como se chamava?

– Não... eu pensei que era a Patrícia de que você tinha me falado...

Então Lúcia, com o rosto molhado de lágrimas, pediu para eu não sair dali, porque logo voltaria. Realmente não demorou a voltar e trouxe com ela um antigo álbum de retratos. Ficou folheando, sentada ao meu lado na cama por algum tempo, como se não tivesse pressa, até que colocou o álbum aberto no meu colo e me perguntou:

– É ela?

Era uma foto antiga, mas colorida, onde aquela loira, embora um pouco mais velha, empurrava uma menina sorridente em um balanço, no meio de um grande gramado. A foto não era tão de perto, mas era fácil identificar a mulher. Meu pai entrou no quarto neste momento, com calma e sorrindo com carinho. Ficou claro que, no tempo em que Lúcia saiu para buscar o álbum, contara tudo para ele, que sentou também ao meu lado e me abraçou.

Era ela. Na foto estava a mulher que havia entrado no meu quarto, usando o mesmo vestido azul-claro, por 'coincidência'.

– Quem é ela? – perguntei.

– Queremos saber se é ela – falou meu pai, com muito jeito.

– Sim, é ela... Parecia mais nova ontem, mas é ela, sim... Quem é ela? – voltei a perguntar.

– Ela é minha tia. Tia Damaris... ou tia Dadá... – respondeu Lúcia. – Você não a conheceu. Enquanto minha mãe trabalhava, eu ficava na casa dela sempre, em Tijucas, onde eu nasci, perto de Florianópolis. Toda noite, quando eu dormia na casa dela ou ela dormia na minha, me dava um beijo na testa e depois colocava o indicador onde tinha beijado. Era incrível como isso me fazia dormir rápido.

– Ela veio pra cá, então? Ela tá morando aqui no Rio? – perguntei, ainda um pouco confuso.

– Não, meu querido... tia Dadá morreu antes de você nascer. Ontem você conversou com o espírito dela. Você sabe, já falamos sobre isso, que ninguém morre e que a vida continua depois que o corpo morre. Por isso ela veio falar com você. Sempre foi uma pessoa muito querida e gostava muito de mim.

Lúcia falava com os olhos cheios de lágrimas. Então, foi um espírito que veio falar comigo! Um fantasma, e eu não tive medo. Como entendi depois, pelas conversas que ouvi, eu podia ser médium. Eu podia ver espíritos. Na verdade, desde criança achavam engraçado eu conversar com pessoas que os outros não viam, mas nunca deram muita atenção a isso. Meu pai achava que não. Nunca concordou com as crenças da minha mãe no espiritismo e achava isso uma tolice, uma crendice popular sem nenhum fundamento científico. Várias vezes eu já o ouvira falando que nunca ninguém provou nada e que sempre tinha que se acreditar na ciência, naquilo que podia ser provado. Bem, nunca ninguém provou nada para ele, até aquele dia. Ele ficou na dúvida, mas, mesmo na dúvida, preferiu manter sua posição segura de cético e alinhavou uma explicação que caberia melhor para todos: eu, por ser filho único, tinha um amigo invisível, ou amiga invisível, que, por coincidência, se parecia muito com tia Dadá. O trauma do sequestro havia me afetado mais do que pensavam. A sua zona de conforto estava mantida.

Então, mesmo a contragosto do meu pai, minha mãe começou a me levar ao centro espírita.

“Se você quer carinho, dê mais carinho. Normalmente você espera que cuidem de você, que venham e o abracem, mas quando você faz isso? Quando você vai e abraça e beija?”

Capítulo 10

A princípio, eu não gostei muito de ter que ir ao centro espírita nos sábados à tarde, mas, como meu pai só tirava folga nos domingos e ainda não em todos, o sábado andava um tanto vazio. Depois de algumas idas, ficou um pouco mais interessante, porque fiz amigos novos, o que, para mim, nunca fora um problema. Comecei a aprender um pouco sobre a vida dos espíritos e isso até era legal. Íamos ao Centro Amor e Caridade, que não ficava longe de casa. Nas tardes de quinta-feira, Lúcia tinha uma folga e por um tempo também fomos ao centro receber passes (logo aprendi que passe não é bebida; por isso não 'tomamos', e sim 'recebemos'). Muita coisa eu não entendia, mas me sentia bem por dois motivos: ficava mais leve depois dos passes e minha mãe estava mais carinhosa comigo. A ideia da tia Dadá tinha funcionado muito bem. Eu andava mais carinhoso, até mais grudento, com Lúcia e com Jaime, e isso estava funcionando. Eles me abraçavam mais, ficavam mais perto e estavam sorrindo mais, e até conversando mais entre eles. Foi fácil perceber que o clima na casa mudou.

Por esta época meus avós, os pais de Lúcia, já estavam morando no Rio, na Freguesia de Jacarepaguá, e tinham uma casa legal, com piscina onde costumávamos ir nos sábados à noite, ou nos domingos para o churrasco. Lima também aparecia e, com ele ia Patrícia, vez ou outra. Ela era legal, e era espírita, ou assim se dizia. Meu pai e Lima não gostavam muito disso, mas, como meu avô também era, ficavam em minoria. Meu avô, que também frequentava o Centro Espírita Amor e Caridade, andava reclamando que sentia falta de trabalhar com a mediunidade, o que já fazia em Florianópolis. Reclamava que não davam espaço para ele:

– Tá difícil – ele dizia – Vou ter que comprar um diploma de médium no mercado negro, pra me deixarem trabalhar. Os centros são muito fechados. Faz anos que estudo muito, que trabalho sério, que sou disciplinado, mas não me dão espaço. Querem que eu entre para um grupo de estudos e fique lá uns dois anos, para depois pensarem se posso ou não ser útil...

– Tem muita gente por aí que confunde as coisas – falou minha mãe. – Por isso é preciso ter algum rigor.

– Eu sei disso, filha; só acho que os casos deveriam ser avaliados individualmente. Estão tentando sistematizar um dom subjetivo!

– E se montássemos um grupo mediúnico? – falou Patrícia, interrompendo meu avô e fazendo com que meu pai e Lima reagissem de imediato.

– Ah! Era só o que tava faltando! E onde vão receber os exus? Lá em casa? – perguntou Lima.

– Exus? Acho que tá te faltando um pouco de leitura, meu filho – falou meu avô. – Temos muito respeito pela outras linhas espiritualistas, mas não trabalhamos com exus... e achei uma ótima ideia, Patrícia. Na verdade, eu e Cida já andamos conversando sobre isso. Se você e Patrícia puderem participar, montamos um grupo de estudo e trabalho aqui em casa.

– Em casa não é indicado – falou minha mãe.

– O terreno é grande e não me custa nada construir uma sala – falou meu avô. – Uma sala simples, com uma mesa e cadeiras. Cida já aprovou o projeto, mesmo com seus medos. Não precisamos mais do que isso.

– Além de muita disciplina, é claro – falou minha mãe, olhando intencionalmente para Patrícia. Ela sabia que a amiga estava muito mais interessada em fenômenos mediúnicos do que na reunião em si.

Foi assim que nasceu o Grupo Espírita Semear, que se reunia todas as terças-feiras à noite para estudar o espiritismo e trabalhar com a mediunidade. Nesta idade eu não tinha ideia bem definida sobre o que seria este 'trabalhar' com a mediunidade, mas gostava das reuniões, porque eu ia com Lúcia e ficava na casa da avó Cida, que me enchia de coisas boas para comer. Ela não participava do grupo por ter raízes católicas que não a deixavam à vontade. Como ela mesma dizia, cada vez que pegava um livro espírita para ler, parecia ouvir sua mãe, uma beata perfeita, buzinando recriminações no seu ouvido. Porém, não era contra as reuniões e sempre tinha muita curiosidade sobre as comunicações.

A carga excessiva de trabalho mantinha meu pai longe do assunto. Eu sentia que Lúcia gostaria de ter o apoio do marido, mas, naquele momento, não tê-lo contra já era o suficiente. O trabalho do delegado Jaime continuava intenso, mas sem muito sucesso. Das conversas que eu ouvia, sabia que, sempre que estavam para descobrir algo importante, a informação vazava. Lá se iam meses de trabalho e um novo recomeço. Até que um dia ele chegou em casa na hora do almoço e sentou na poltrona de leitura do seu escritório. Eu apareci na porta e ele me chamou, me deu um abraço e pediu:

– Quando tua mãe chegar, diz pra ela vir aqui... daí você deixa a gente conversar sozinho, tá?

Lúcia chegou um pouco depois e eu não fui lá muito bem educado. Sabia que o escritório tinha uma sacada que emendava com a sacada do quarto. Sabia que, por não estar tão quente, o ar-condicionado estava desligado e a porta do escritório para a sacada estaria aberta. Então, passei pelo quarto deles e fiquei do ladinho da porta de vidro, onde podia ouvir bem o que falariam. É engraçado como lembro as minhas motivações: meu medo era de alguma conversa deles sobre separação. Eu sabia que o relacionamento deles havia ficado um pouco melhor depois do sequestro. Sabia que os conselhos da tia Dadá, que não apareceu mais, tinham ajudado, mas também sabia que nem tudo ia bem. Mesmo que eles não tivessem cenas de ciúmes, nos últimos dias alguma coisa extra havia acontecido. Eu ouvira uma discussão onde voaram os nomes do tio Jorge, da tia Vera, de Lívia. Falaram muito desta Lívia, mas não tinha entendido bem os motivos. Eu sabia que em algum momento haviam quebrado o silêncio, mas ainda não haviam encontrado o equilíbrio. Deixaram acumular muitos assuntos, o que dificultava uma discussão mais sensata. Então, eu tinha medo, mas a principal conclusão a que cheguei naquele momento, agachado e encostado ao concreto que separava as portas de vidro do quarto e do escritório, era de que, quando eu crescesse, jamais falaria para uma criança a frase: "Deixa a gente conversar sozinho, tá?"

– Vai estourar amanhã – falou meu pai.

– Então você conseguiu?

– Não como eu queria, mas Wagner não quer esperar mais; disse que este é o momento. Não temos todos os nomes e eu sei que poderíamos ter mais...

– Mas cada vez que você vai conseguir uma prova ela se evapora. Então, ele pode estar certo.

– A imprensa vai tripudiar e cobrar soluções imediatas. A opinião pública vai julgar antes de ouvir e condenar antes mesmo de saber do que se trata. Você sabe, é dessa bagunça que eles se aproveitam para se safarem.

Lúcia não argumentou e, por um tempo, fizeram silêncio. Pensei em fugir. Pensei que tinham desconfiado que eu estava ali, e ser pego fazendo o que não devia era assombroso para mim, mas, quando Lúcia falou de novo, entendi o motivo do silêncio:

– Atrás de quem vocês vão amanhã?

– Às cinco da manhã, dezoito pessoas serão presas. A maioria aqui, algumas em Brasília...

– E?

– Vera é prioridade. Lima vai até ela.

– Quem mais?

– Não conseguimos provas contra Jorge. Ele se safou, por enquanto. Com o posto de procurador, fica mais difícil, mas não vai demorar.

– Jaime... quem mais?

Fiquei curioso. Era evidente que minha mãe esperava por um nome; então, Jaime respondeu:

– Lívia também.

Naquele momento, naquela idade, eu não sabia quem era Lívia. Devo deixar bem claro aos leitores que misturo intencionalmente memórias e interpretações próprias às idades pelas quais passei, e que agora relato com memórias mais bem entendidas desde que me vi livre no plano espiritual. Desde que fui convidado para ajudar a escrever este romance, tenho me esforçado em pesquisar com cuidado a vida dos envolvidos. Então, é natural que eu me coloque como personagem e narrador em muitos casos. Por isso já descrevi situações onde a Lívia aparecia e, em contraponto, agora a relato como senti a situação naquela hora.

Sendo assim, o nome Lívia, naquele momento, não significava quase nada; por isso fiquei em pé para ir embora. O assunto não tinha mais tanto interesse. Foi quando ouvi Lúcia dizer:

– Então, você não vai me abandonar por ela, não é?

– Lúcia, não fale assim. Eu jamais a abandonaria. Você sabe, temos um filho...

– Eu não quero que você fique comigo por causa do Henrique. Nós o amamos e não queremos nenhum mal a ele, mas você ficar comigo pensando em outra mulher...

– Eu não penso em outra mulher. Por favor! Aconteceu! Contei tudo a você. Foi um deslize... não, não foi um deslize, foi um grande erro. Foi um erro absurdo. Mas o que sinto por você foi mais forte – falou meu pai, parecendo escolher as palavras.

– Mas... se...

– Eu tinha dúvidas, Lúcia. Eu achava que estava sendo traído por você e pelo Jorge. Na verdade, até hoje ainda me pego pensando se isso aconteceu ou não.

– Oh! Meu Deus! Isso de novo!

– Eu sei, eu sei! Você já me falou mais de mil vezes que nunca deixou acontecer. Eu sei que ele tentou e que você resistiu.

– Resisti? Como assim? Falando assim parece que eu fiquei tentada. Eu nunca nem pensei na possibilidade.

– Eu fui fraco, Lúcia, reconheço... e já pedi perdão por isso.

– E eu já o perdoei. Não é sobre isso que estamos falando.

– Eu não penso mais nela. Acabou. Ela vai ser presa amanhã.

– Presa? Sim, mas quanto tempo vai ficar presa? Você sabe que muito possivelmente amanhã mesmo deve chegar um *habeas corpus* para ela, para Vera, para os grandes...

– Eu sei, mas eu já lhe disse: acabou. Faz mais de três meses que não a vejo. Acabou, Lúcia, e eu quero ficar com você.

– Tá bem... tá bem... na verdade, nem sei bem por que você me chamou para conversar.

– Eu tinha que preparar você.

– Preparar?

– Tem um nome... uma pessoa, que foi inesperada mesmo para mim... muito mais para o Lima, coitado... – falou meu pai, de forma entrecortada.

– O que você quer dizer com isso?

– A Patrícia vai ser presa.

– E o que ela pode ter a ver com isso tudo?

– Não sabemos ao certo, mas o telefone dela apareceu em várias ligações. Acabamos interceptando uma ligação dela para Vera... bem, ela tava passando informações. Lima é ligado a ela, chega em casa e conta coisas. Ela tá encrencada.

– Nossa! Mas ela vai comigo para a reunião hoje. Você nem devia ter me contado, como vou fazer para despistar? Como vou fazer de conta que não sei?

– Aí é que está, acho melhor você não ir hoje à reunião. Não é implicância minha, entenda, mas, como a suspeita apareceu só nos últimos dias, estamos rastreando todos os contatos que ela tem. Ela vai ser seguida e todas as pessoas que ela encontrar vão ser investigadas.

– Você quer dizer que vão investigar a mim? Mas o que podem achar? Ela é minha amiga, irmã do seu melhor amigo...

– Lúcia... olha, tenha calma, não tô preocupado bem com você. Se investigarem você, vão só confirmar que sou casado com uma mulher linda e honesta, mas...

– Mas?

– Podem descobrir coisas sobre o teu pai que nem você sabe... que nem eu sabia.

Pronto! Lá estava eu agachado de novo. É claro que minha memória não alcançaria tantos detalhes. Fui ajudado com técnicas muito precisas de regressão, além da interferência maravilhosa da equipe de amigos que está me ajudando.

– Meu pai? Meu pai? Meu Deus! O que pode ter meu pai de suspeito?

– Teu pai era contador e trabalhava para um grande escritório. Teu pai, nos últimos anos antes de se aposentar, fez a contabilidade do pai da Vera, o juiz Santello. Teu pai ajudou o juiz a sonegar grandes quantidades de dinheiro e, pior de tudo, parece que ficou com uma parte dele. Você não achou estranho ele comprar a casa aqui no Rio assim, à vista?

– Ele tinha um dinheiro guardado – respondeu Lúcia, com um fiapo de voz.

– É, tinha mesmo, mas bem maior do que seu trabalho poderia gerar.

– Então, ele vai ser preso também?

– Não. Ainda não.

– Ainda? Como assim?

– Não conseguimos provas contra o juiz Ernesto Santello. É um dos que se safaram. Somente eu e Lima sabemos do envolvimento do teu pai porque ligamos os fatos. O nome dele apareceu por causa do juiz, que investigamos, mas não podemos prender. Daí ele comprou essa casa... bem, fomos atrás e fomos descobrindo as coisas. Então, ele tem um tempo, até que o nome do juiz apareça de fato. Só que, se a Patrícia encontrar com ele hoje, vão investigar os contatos... e, se investigarem...

– Meu Deus!

– Olha... teu pai seria um trunfo para eu pegar o juiz, mas não posso fazer isso com você. Eu sei que ele sempre foi honesto e deve ter se deixado levar porque o seduziram. O dinheiro transforma... então, tenho esperança de poder ajudá-lo antes que cheguem nele. Mas teremos tempo para falarmos disso. Só quero que você não vá a essa reunião de hoje. Entendeu?

– Meu pai... – foi a última coisa que ouvi minha mãe balbuciar. Ouvi o barulho do meu pai levantando da poltrona de leitura e voei de onde estava, direto para o meu quarto.

No outro dia, a bagunça começou.

Capítulo 11

Agosto de 2005, dois anos depois de deflagrada a operação.

Lúcia costumava chegar em casa perto das vinte e três horas nos dias em que dava aula à noite. Apesar de tantos conflitos, a situação econômica estava boa, e várias vezes Jaime já havia pedido para ela diminuir o ritmo e dar aulas somente durante o dia. Só que as aulas de inglês no cursinho estavam dando uma grana boa e ela queria ficar até o final do ano. Estávamos no mês de agosto de um inverno frio para o Rio de Janeiro. Meu pai já havia olhado para o relógio várias vezes, além de ter me pedido para ir dormir, também muitas vezes, mas eu sempre o enrolava. Com Lúcia, já estaria na cama.

Às 23h30, ele estava na varanda do apartamento e continuava olhando para o relógio. Aconteceram muitas ameaças depois que a operação fora deflagrada. Na madrugada seguinte àquela em que ouvi a conversa dos dois, começaram as prisões. O alarido na imprensa foi grande. No total, dezessete pessoas foram presas e, destas, dois anos depois, apenas duas continuavam presas, mas por outros motivos, já que também haviam conseguido *habeas corpus* para se defender em liberdade. Nenhum político foi preso, nem perdeu o mandato e, segundo meu pai, nem votos. Várias vezes ouvi meu pai dizer que o Wagner havia se precipitado, que deveriam ter esperado mais. Mesmo assim, aconteceram muitas ameaças. A maioria foi contra meu pai, que ficou bastante famoso e andou com seguranças por algum tempo.

Obviamente, não havia mais nenhuma relação entre ele, Jorge, Vera e o juiz Santello, que, com todas as prerrogativas do cargo, não foi nem citado. Com o tempo, os envolvidos foram esquecidos e os políticos usaram a tão conhecida tática de espalhar notícias que desmereciam a investigação, bem como os investigadores. Vasculharam a vida do meu pai e tripudiaram sobre o fato de ele ter familiares envolvidos na operação. Acusaram-no de dificultar o processo, o que tornou a investigação lenta. Foi com muito empenho que não foi afastado do cargo. O que não encontraram inventaram, como suspeitas de contas no exterior, por exemplo. Um repórter comprado chegou a noticiar que ele morava em um apartamento de luxo no Leblon e que vivia como um rei. Também surgiram muitas amantes, muitas. Mentiras que podem ser facilmente rebatidas, mas que sempre deixam sementes de ervas daninhas, porque há muitas pessoas que preferem acreditar no que é sórdido, como se isso fosse mais divertido, mais interessante.

A campanha de desmerecimento se completou com a inversão da culpa. Principalmente os políticos tentaram passar para a opinião pública a imagem de perseguidos e injustiçados, enquanto a memória do crime ia, a cada dia, se perdendo. Também não houve incentivo do alto para que a operação prosseguisse.

Combater o crime do colarinho branco, segundo meu pai, explodia na mídia como de suma importância para a mudança da sociedade, porém, era como uma explosão de fogos de artifício: luzes e barulho, nada mais.

Patrícia, por ser irmã do Lima e pela integridade defendida por ele, foi a que ficou mais tempo presa; porém, à medida que gente muito mais importante ia se safando, ele mesmo relaxou e arrumou para que ela fosse libertada. Ela jamais deu explicações satisfatórias, nem em interrogatórios, quando era orientada por advogados, nem em casa, pressionada pelo irmão. O que contava era que fora procurada por um homem que a ameaçou, dizendo que seu irmão morreria se ela não colaborasse. Nem Lima acreditou nisso, mas ficou assim.

Lívia não foi presa, nem encontrada. Reapareceu somente bastante tempo depois, quando o caso já esfriara e se manter em liberdade foi fácil, diante de tudo o que havia acontecido. Meu avô, o pai de Lúcia, não foi envolvido, como já era esperado. As investigações continuaram, mas não chegaram até ele, ou, se chegaram, não foi preso. Talvez meu pai tenha entendido que não valia a pena o sacrifício da família numa operação frustrada como aquela. Foi fácil perceber que tudo aquilo o abatera bastante; não foi mais a mesma pessoa. Parecia que a única motivação dele passou a ser nossa defesa. Ele mesmo fez cursos de defesa pessoal e voltou para a academia de tiro, no que já era perito. Especializou-se ainda mais em armamentos, para desespero de minha mãe, que defendia a paz, a não reação, a não violência.

O grupo espírita conduzido por meu avô sofreu um choque, obviamente. Embora não se tenha aberto o jogo com ele, o clima de desconfiança, bem como a prisão da Patrícia, ruíram as estruturas do trabalho recém-iniciado. Meu avô sabia que seu nome poderia estar envolvido, pois a filha do juiz Santello fora presa e ele fora o contador do pai dela, mas, nas vezes em que conversou com meu pai sobre isso, nunca demonstrou nenhum medo, como se não tivesse ideia do seu envolvimento. Com o tempo ele reuniu novos integrantes e voltou a trabalhar com a mediunidade, e com o tempo Lúcia também voltou para o trabalho, embora meu pai jamais a tenha apoiado nisso, muito pelo contrário.

Era quase meia-noite quando o celular dele tocou, e ambos pulamos do sofá. Era Lúcia.

– O que aconteceu? – meu pai perguntou.

Não ouvi a explicação, nem a conversa deles foi lá muito longa. Mesmo assim, às vezes ele se irritava, às vezes pedia calma. Em dado momento eu o ouvi falando as palavras: "Eu nunca mais a vi, juro!" Algumas vezes ouvi perguntar com quem Lúcia estava, mas ela não respondeu. Deduzi isso pela irritação dele, principalmente quando perguntou:

– Você está com ele? Por favor, me diga...

Ela não disse. Depois que desligou o telefone ele ainda ficou mais tempo sentado lá fora, e eu dormi no sofá. Certamente ele me levou para a cama, embora eu já fosse bem grandinho nos meus doze anos, pois acordei com o despertador alucinado avisando que era hora de ir para a escola. Achei estranho ele estar na cozinha preparando meu lanche, com os olhos muito vermelhos, e não Lúcia, mas não quis questionar. Era fácil perceber que alguma coisa séria estava acontecendo. Fui para a escola com o coração apertado e, quando ele me deixou na porta do colégio, me avisou que Lúcia viria me buscar, e que era para eu não ficar preocupado, porque estava tudo bem. Como não ficar preocupado? O quarto deles estava vazio. Ela não estava lá, não havia dormido em casa pela primeira vez desde que casaram. Como?

No meio da manhã, o diretor do colégio entrou na sala e cochichou alguma coisa no ouvido da professora, que logo olhou para mim. Todos logo olharam para mim, como se estivessem sabendo alguma coisa, ou mesmo tudo o que estava acontecendo. Logo que o diretor saiu, a professora veio até o meu lado e falou comigo de maneira meio entrecortada, com mais carinho do que era habitual a ela.

– Henrique... seu pai mandou chamá-lo... você vai ter que ir pra casa...

– O que aconteceu? – perguntei, tentando disfarçar minha aflição.

– Não sabemos... mas é melhor você ir para casa...

Mais estranho ainda foi Lima estar me esperando. Vi que ele sabia o que estava acontecendo, mas não quis me dizer nada. Só falou que meu pai pediu para que ele me levasse para casa, mas não era meu pai quem estava me esperando lá, e sim Patrícia.

– Querido... seu pai logo chega...

– Ninguém vai me dizer o que tá acontecendo? Onde tá minha mãe?

– Você precisa ter paciência... e ser forte...

– Forte?

– Tua mãe sofreu um acidente de carro... estamos esperando notícias... ela foi levada para o hospital e teu pai está lá com ela...

– Ela morreu? – perguntei, com a voz embargada pelo medo.

– Não... não sabemos... a batida foi forte... mas ela também é forte... não se preocupe, vai ficar tudo bem...

As horas não passavam, assim como novas notícias não vinham. Patrícia não me falou mais nada, por mais que eu perguntasse. No meio da tarde, meu pai entrou em casa, ou melhor, alguma coisa parecida com ele entrou em casa. Não falou nada, mas Patrícia não conseguiu se segurar e caiu no choro somente por olhar para ele. Uma esperança desesperada se agarrava em mim, soprando milhares de vezes no meu ouvido que aquilo era mentira, que Lúcia logo chegaria, que abriria a porta e logo se zangaria com a bagunça da sala, depois perguntaria se eu já havia comido. Aquilo que estava acontecendo era apenas um sonho ruim. Aquilo não era verdade. Porém, meu pai me abraçou muito apertado e chorou. Eu tive vontade até de dizer para ele que aquilo não era verdade, mas uma repentina lucidez me fez entender que ele sabia bem mais do que eu. Não chorei. Depois daquele abraço, meu pai pediu para que Patrícia ficasse comigo e foi para o quarto, tomou um banho e trocou de roupa, saindo logo em seguida.

O silêncio tomou conta de mim por muitos dias. Ninguém veio falar comigo, contar exatamente o que aconteceu, mas eu via que algumas pessoas estavam indignadas. Havia algo de segredo a ser escondido. Somente alguns dias depois eu soube que tio Jorge também morrera, e no mesmo acidente. Foi Cléber, meu melhor amigo, quem me contou mais detalhes. Os pais dele haviam falado do assunto algumas vezes e ele estava sabendo muitas coisas. As crianças sempre são os ouvidos da casa. Ele me disse que o carro em que minha mãe e Jorge estavam foi fechado por outro e dois assaltantes os limparam . Disse que os assaltantes levaram a chave do carro para não serem seguidos, mas tio Jorge carregava a chave reserva no porta-luvas; então, saiu atrás deles em alta velocidade, mas se perdeu na primeira esquina, quando teve que desviar de outro carro. Voou por cima do meio fio e bateu num muro, de frente. Disse que tio Jorge morreu na hora e que Lúcia ainda foi levada para o hospital. Disse que, quando eles foram assaltados, estavam saindo de um motel. Obviamente, eu sabia o que isso significava. O que ele me contou não era um relato fiel da verdade, obviamente, porque os pais dele também não sabiam muita coisa, mas, naquele momento, o que importava era que eu sabia muito bem o que significava ela estar saindo com Jorge de um motel.

Capítulo 12

No final da tarde do dia anterior à morte de minha mãe, Lima havia ligado para meu pai e combinado com ele uma reunião. Só que esta reunião tinha que ser fora da delegacia devido às suspeitas de vazamento de informações. Ainda tentavam encontrar um fio no novelo que pudesse desenrolar tantos nós apertados com os quais o crime os havia prendido. Depois de tentarem achar um local adequado, sem muito sucesso, acabaram concordando que seria melhor se encontrarem na casa do Lima mesmo. Ele também tinha outro assunto que queria conversar com meu pai, o que justificava ainda mais o sigilo do encontro, mas, por telefone, não quis entrar em detalhes. Jaime sabia que podiam estar sendo vigiados; então, não questionou e confirmou a reunião para as oito horas do dia seguinte.

Assim ele me deixou na escola, ainda com os olhos vermelhos e contínuas respirações profundas e, mesmo naquele estado, foi para a casa do Lima. É aí que a história ganha traços estranhos. No caminho que Jaime passaria, ou não muito distante dele, havia um motel e, a cerca de um quilômetro dele, meu pai teve que frear bruscamente para não bater num carro que passava em alta velocidade. Ainda olhou para o carro, que teve alguma dificuldade em manter a estabilidade e, por isso, não viu que outro carro vinha na sua direção, também voando. Este outro carro não foi tão feliz quanto o primeiro. Embora tenha conseguido desviar de um impacto mais forte, bateu de leve no carro do meu pai e perdeu o controle, passou por cima do meio-fio no outro lado da esquina e foi direto contra um muro.

No exato momento em que meu pai bateu o olho no carro, viu o rosto de Lúcia no banco do passageiro e, na mesma fração de segundo, o de Jorge. Depois veio o barulho da primeira batida, o barulho dos pneus freando e soltando fumaça, e o estrondo da segunda.

Por incrível que possa parecer, meu pai estava no caminho do carro do tio Jorge. Não tinha culpa nenhuma daquilo, mas, se não estivesse ali, talvez Lúcia ainda estivesse viva. Ao menos era isso que estalava em sua cabeça como um chicote, vergastando sua racionalidade a cada minuto. Numa cidade gigantesca como o Rio de Janeiro, seus caminhos se cruzaram no instante supremo de definir seus destinos diante da vida e da morte.

Jaime saiu correndo como um insano do carro e alcançou Lúcia segundos depois da batida. Os dois *airbags* estavam inflados e foi com alguma dificuldade que meu pai conseguiu tirar o corpo dela do banco, o que foi um erro causado pelo desespero, pois ele não sabia a real condição dela. Porém, a princípio não se via nenhum ferimento mais grave, tampouco sangue algum, mas ela estava desmaiada e Jaime, talvez por estar muito nervoso, não conseguia identificar seus sinais vitais. Logo ele ligou para a emergência, que não demorou a chegar. Jorge estava desacordado. Jaime tentou falar com ele, mas não teve nenhuma resposta. O primeiro carro da emergência logo partiu com Lúcia e meu pai foi atrás, não sabendo mais o que aconteceu com o irmão.

Aconteceu que, devido ao impacto frontal e ao fato de o *airbag* ter prendido a parte superior do corpo, tanto as pernas do tio Jorge como as de Lúcia foram deslocadas com violência em direção ao abdome. Ambos tiveram diversos traumatismos em órgãos vitais. Foi o que saiu no laudo da necropsia.

Na noite depois do enterro, meu pai não conseguiu voltar para casa. Muita gente tentou ajudar, oferecendo hospedagem, mas ele declinou gentilmente e me levou para um hotel. Dormimos abraçados e eu ainda não tinha chorado, e não chorei naquela noite. Pela manhã meu pai me abraçou e depois passou o dedo no meu rosto, como se secasse uma lágrima, mas eu não sentia lágrima alguma. Era uma situação tão inusitada, que eu não sabia no que pensar. Em nenhum momento da vida eu havia pensado na possibilidade de não ter um deles comigo. Em nenhum momento eu havia pensado na morte. Por vários dias eu dormi, sem saber se realmente havia dormido.

Somente alguns dias depois do acidente é que conversei com Cléber e fiquei sabendo que ela havia saído do motel com meu tio. Uma onda de mágoa rapidamente cresceu em meu peito e veio esfacelar-se sobre meus pequenos castelos de areia. No meio da minha imensa tristeza, fiquei mais triste. Como ela pôde ter feito aquilo comigo e com meu pai? Eu era uma criança de doze anos e tinha pouquíssimos elementos para poder julgar aquela situação; por isso, apenas me deixei conduzir pela dor, que logo começou a causar estragos no meu temperamento. Em poucos dias eu estava irascível, mas, diante da circunstância de perder a mãe, todos aceitavam o meu estado e tinham paciência. E eu continuava sem chorar, principalmente agora.

Duas semanas depois da morte de Lúcia, eu não conseguia dormir. Foi então que ela entrou no meu quarto de novo. Veio com seu sorriso confortador, mas, desta vez, eu não gostei do sorriso. Como ela poderia sorrir numa situação como esta? Só que ela chegou ao meu lado e não falou nada, apenas deu um beijo em minha testa e colocou seu indicador onde havia beijado. O sono veio de imediato, mas a sensação que eu tive foi de apenas fechar os olhos e logo abri-los novamente. Então, tia Dadá falou:

– Eu precisava que você dormisse logo. Hoje você tem um trabalho para fazer junto comigo.

– Trabalho? Como assim?

– Venha, levanta daí e vamos caminhar um pouco.

Quando levantei da cama percebi que não estava mais no meu quarto. Ela havia segurado minha mão e andávamos por um longo corredor todo branco na direção de uma luz um pouco azulada. O lugar era bom, mesmo que eu estivesse tão triste. Paramos na frente de uma porta também branca e, antes de abri-la, tia Dadá parou na minha frente e colocou as mãos nos meus ombros, depois falou:

– Você vai ver sua mãe. Ela está neste quarto ainda se recuperando...

– Minha mãe está viva? – perguntei, ingenuamente e com a voz já um pouco embargada, mas logo lembrei do motel e fiquei perdido; por isso falei, sem pensar muito: – Eu não quero ver minha mãe...

– É claro que está viva, meu querido... – respondeu tia Dadá, como se não tivesse ouvido que eu não queria ver Lúcia. Depois de um breve tempo ela parou de sorrir e falou: – Só que você não pode esquecer que ninguém morre de verdade. O que morre é o corpo material, mas nós somos imortais... Então, ela está viva e você vai poder vê-la, abraçá-la e conversar com ela. Só que você precisa me prometer que vai tentar se manter calmo. Eu sei que você consegue, pois o conheço há muito mais tempo do que você pode imaginar. Somente lhe peço que não tenha nenhum tipo de atitude ou sentimento desesperado na frente dela. Está bem?

–... mas eu não quero ver ela – insisti.

– É bem por isso que você está aqui. Vocês dois precisam conversar sobre alguns assuntos pendentes. Lúcia não conseguirá ir em frente deixando você sofrendo como está e magoado com ela. Logo você vai entender melhor; por isso, vamos, é hora de entrar.

Um misto de alegria e tristeza rapidamente se formou em meu pensamento. Logo entendi que aquilo era uma despedida e que, se minha mãe não queria que eu ficasse magoado, é porque deveria existir alguma justificativa para o que havia acontecido. Nos poucos dias depois da minha conversa com Cléber, minha mente havia procurado por milhares de possibilidades que justificassem a atitude de Lúcia, mas nenhuma me serenava a angústia. Mais tarde, eu também já no plano espiritual, vim a saber que Lúcia precisava da minha presença por estar muito abatida diante de tudo e, como sempre fora uma mãe prestativa e se esforçara durante toda a encarnação para melhorar, recebeu este presente (e eu também recebi): dar em mim um último abraço e tentar diminuir minha mágoa (é claro que ela aproveitou para dar algumas recomendações, como qualquer boa mãe). Ela não conseguiria ir em frente sem isso, e era fácil entender o motivo.

Ela estava sentada em um sofá no canto do quarto, sozinha, e ficou em pé logo que a porta se abriu. Como eu havia prometido para tia Dadá e mesmo que eu estivesse magoado, me contive muito para não correr para ela e pular no seu colo com as pernas abertas, como gostava de fazer, para ouvi-la dizer: 'Santo Deus! Como você está grande, moleque!'. Então, segurei meus passos e apenas caminhei até seu abraço, o melhor abraço do mundo. Ficamos um longo tempo abraçados e somente depois, como eu já disse, quando já estava também no plano espiritual, fui saber mais detalhes daquele nosso encontro. Naquele momento o que aconteceu comigo, ou o que ficou retido na minha memória, foi a sensação de estar com ela e logo em seguida não estar mais. Acordei chorando na cama. Chorei pela primeira vez desde que ela morrera na matéria. Chorei muito, muito mesmo, mas chorei baixo. Não queria ver meu pai ainda mais triste. Não queria que ele sofresse mais do que estava sofrendo, porque ele entenderia apenas que aquelas lágrimas eram de dor, mas não eram. Eu sabia que havia encontrado minha mãe e que ela havia se justificado. Creio até que, naquele momento, eu lembrava as explicações que me dera, mas, depois, as impressões da matéria logo transformaram tudo em um sonho. Um sonho bom.

Na verdade, tia Dadá, com muita delicadeza, não apenas ajudara minha mãe, mas também a mim. Se eu mantivesse aquele sentimento de mágoa preso em meu ambiente psicossomático, poderia causar profundos e delicados desequilíbrios no corpo espiritual. Desequilíbrios estes que não estavam previstos na minha ficha cármica e que atrapalhariam meu relacionamento com Jaime nos anos seguintes. Mas tudo isso vim a saber depois, como os leitores já devem ter entendido.

Acordei com a sensação daquele abraço ainda em mim. Eu havia sonhado com tia Dadá e Lúcia. Foi o que contei para as pessoas, mas, para mim mesmo, era como se eu guardasse um segredo: eu havia encontrado minha mãe para um abraço de despedida, e ela estava viva, e ia continuar viva, e eu a havia perdoado. Como isso foi revigorador para minha vida, aquela vida, embora ela fosse tão curta, a partir daquele dia.

A ideia de espiritualidade rapidamente ia tomando forma e foi fácil perceber que era muito importante eu estar bem. Naquela mesma tarde, outra bomba explodiu. Meu pai foi afastado do cargo, agora por acusações muito mais graves. Era suspeito da morte de Lúcia e de Jorge. Era suspeito de uma atitude passional que causou o acidente. Além do mais, tinha vindo a público seu envolvimento com uma das acusadas na operação que ele mesmo conduziu, Lívia, e isso o tornava, definitivamente, suspeito de participação no esquema de desvio de verbas do patrimônio público. Toda a lentidão do desenrolar das investigações, que lhe causou tantos transtornos, agora estava sendo apontada como responsabilidade dele.

A vida sofria outra grande reviravolta.

Capítulo 13

Quatro rápidos anos se passaram. A transição da infância para a adolescência sempre costuma ser rebuscada e, no meu caso, tenho a impressão de que foi ainda mais. Muitos medos me acompanharam por um bom tempo desde a morte de Lúcia. Entre eles, talvez o mais perturbador e, ao mesmo tempo, o mais secreto, o mais escondido, era o de voltar da escola um dia e encontrar Lívia em casa. No fundo sabia que não seria assim, mas continuamente sondava meu pai para tentar descobrir se eles se encontravam. A lógica dizia que não; afinal, ela fora a gota d'água para as acusações que levaram meu pai a quase ser exonerado do cargo. Então, se fossem vistos juntos, seria muito mais complicado para ele, mas, entre tantos eventos ilógicos que pontuavam nossas vidas, o reencontro dos dois poderia ser mais um.

Muitas vezes tia Dadá havia aparecido, principalmente nas noites de insônia. Ela não falava mais nada, apenas sentava ao meu lado na cama, beijava minha testa e depois colocava o indicador onde havia beijado. Eu sempre apagava e, no dia seguinte, estava me sentindo bem melhor. Nos primeiros momentos depois de acordar, ainda lembrava um pouco o que havia visto ou sobre o que havíamos conversado, mas essas lembranças logo se desvaneciam com a correria do dia.

Nesses tempos Cleuza havia aparecido em nossas vidas. Vinha duas vezes por semana, mas era o suficiente para ser a verdadeira dona e senhora da casa. Não era uma simples empregada. Tinha vindo do interior do estado juntamente com o filho Cadu, para que ele estudasse, e fora morar muito próximo à casa da avó Cida, que logo fez amizade com ela. Diante da sua necessidade de trabalho e da nossa necessidade de uma mulher para comandar a casa, tudo se encaixou com perfeição. Cleuza era curiosa com o espiritismo e, por isso, havia se aproximado dos meus avós, devido à reunião do Grupo Semear, que continuava com suas atividades e já tinha alcançado alguma fama nas redondezas.

Meu pai passou por um processo judicial desgastante. Foi difícil vê-lo envelhecer rapidamente. Parecia que cada dia pesava como um ano em sua aparência. Emagreceu, encaneceu. Os acusados na operação que conduzia seguiram suas vidas como vítimas de um engodo, enquanto ele precisava correr desesperadamente atrás de provas de sua inocência, como se isso fosse um recado para os que o substituíssem: "Somos grandes e fortes, não mexam conosco".

Tia Vera e o pai, o juiz agora aposentado Ernesto Santello, por terem cidadania italiana, passaram a viver em Roma. Jaime sabia que continuavam ativos e somente moravam fora por terem subido de posto na organização internacional a que pertenciam. Mas Jaime não podia falar mais nada sobre o assunto. Estava proibido judicialmente até de se aproximar de algumas pessoas. Políticos acusados ou suspeitos foram reeleitos, muito provavelmente com dinheiro sujo vindo do desvio de verbas que alimentavam os caixas dois de campanhas. A polícia federal fazia um trabalho sério, mas tinha sérias limitações impostas por quem estava acima. E sempre havia alguém acima.

José Carlos Brandão, meu avô paterno, e Beatriz, sua nova esposa, viviam. E como viviam! Festas intermináveis, viagens, cassinos. Nada mudava em suas vidas. Como nada mudava, mantinham-se longe, como se eu e meu pai fôssemos estranhos. Lembro que José Carlos, meu avô, foi ao velório de Lúcia, depois veio visitar meu pai, mas só. Lembro também que ele reclamou por meu pai não ter ido ao velório do irmão, mas não se podia perceber uma tristeza maior pela morte do filho mais velho, e isso era muito estranho. Lembro aquele encontro de poucas palavras e nenhuma abertura para contato. Nenhum "se precisar de alguma coisa, me ligue". Nada! Então, a vida continuava.

Lima também sofreu com as acusações. Desde o momento em que sua irmã apareceu envolvida com os acusados, ele já sofreu com as desconfianças. Quando as acusações se voltaram diretamente contra Jaime, obviamente respingou sobre ele, seu braço direito. Conseguiu transferência para o núcleo da Polícia Federal de Petrópolis e não apareceu mais. Sei que meu pai ficou muito chateado com isso, pois era seu melhor amigo, mas tentou entender suas motivações. Ele mudou para a serra, onde tinha um pequeno sítio perto de Petrópolis, e só vinha à cidade poucas vezes, mas nunca procurava meu pai. As coincidências da vida o levaram a conhecer Tânia, a linda esposa do Ávila, também agente da polícia federal e que ocupou a vaga deixada por ele no Rio. Os pais dela eram vizinhos do Lima na serra e ela ia lá passar vários dias com eles, já que o marido estava sempre trabalhando. Acabaram se conhecendo.

Patrícia, que conheceu Cleuza por trabalharem juntas com o grupo mediúnico do avô Duca, sempre aparecia lá em casa, e foi através dela que soubemos os rolos que estavam acontecendo. Ávila era ciumento e Tânia se tornara amiga íntima do seu irmão. Segundo Patrícia, ninguém tinha certeza se alguma coisa rolava entre eles, mas todos desconfiavam.

Então, meu pai venceu. Em abril de 2009, voltou a trabalhar. O julgamento foi favorável a ele, que pôde retomar seu posto de delegado. Era muito respeitado pelos agentes do seu tempo, mas poucos tinham ficado. Precisava agora comandar uma nova equipe e, obviamente, sabia que os holofotes da desconfiança estavam todos centralizados nele. Tinha vontade de reabrir os processos da operação, mas foi aconselhado pelo Wagner, ainda seu superintendente, a deixar para as instâncias superiores a situação. O nome dele já estava bastante comprometido e seria melhor ele pegar leve por um tempo, e Jaime sabia que era melhor ser assim. Por isso cuidou de casos corriqueiros e alfandegários, como ele costumava dizer, e conseguiu agir assim por quase um ano.

Eu, da minha parte, havia entendido que precisava viver com o que tinha a cada dia. A ausência prematura de Lúcia deixara uma marca profunda na minha alegria. Não havia mais um sorriso sem uma fisgadinha de dor na cicatriz da saudade. Estudar era preciso e me dedicava quase que integralmente a isso. Também conheci mais o espiritismo neste período. Apesar dos meus estudos escolares, conseguia ler um livro espírita por semana, e a descoberta do fenômeno "ação e reação", que está na base do nosso destino, me fascinava. Só lamentava não poder trocar ideias sobre isso com meu pai. Poucas vezes eu conseguia contornar as barreiras e escudos que ele instalara na sua zona de conforto para trocar ideias e impressões. Nestas poucas vezes, em algumas consegui deixá-lo pensativo, em outras chegamos perto de discutir. Cléber, meu amigo desde a infância, também estava deslumbrado e chegava a estudar mais do que eu sobre o assunto. Seus pais eram católicos apenas para terem um rótulo religioso, por isso não se incomodavam com suas pilhas de livros espíritas espalhadas pela casa.

É claro que isso incomodava meu pai, que dizia que eu estava divagando e perdendo tempo. Meu foco tinha que ser o vestibular, nada mais. Bem, de certa forma ele estava certo; por isso, procurei evitar que ele percebesse minha leitura paralela e me dediquei ainda mais ao rumo profissional. Eu queria uma profissão muito diferente da profissão do meu pai e, assim, me preparava para o vestibular de engenharia. Eu gostava da ideia de trabalhar com minério para poder rodar pelo interior do Brasil, ou mesmo pelo exterior. Se possível, um dia conseguir carregar meu pai para algum canto distante de toda aquela dor que sorrateiramente nos acompanhava. Mas Cléber acabou me convencendo a fazer engenharia de petróleo, um curso novo e muito concorrido, mas que garantia boa colocação profissional, bom futuro.

A juventude me levou a ter algumas namoradas, além do inseparável Cléber, meu amigo mais próximo e conselheiro 'profissional'. No último mês de cursinho, conheci Aninha e me apaixonei de verdade. Como é difícil misturar paixão com estudos! Parece que tudo na paixão tem um viés de irresponsabilidade legalizada. Quantas vezes me vi formulando planos para burlar os estudos e encontrar Aninha, que também se preparava para o vestibular e estudava tanto quanto eu! Creio que ela não se apaixonou tanto ou, se sentia o mesmo, tinha muito mais capacidade do que eu em manter o foco. Foi lindo, e sofrido. Aninha e Cléber é que me mantiveram na linha para que eu continuasse estudando. Mesmo assim foi bom. Como é boa a paixão! Como deve ser melhor ainda transformar a paixão em amor, que se dilui no tempo e se mantém. Sei que manter o amor após a paixão é a pedra de tropeço da grande maioria dos casais e eu lamento não ter tido tempo para passar por essa experiência. A impressão que tinha era de que seria fácil conseguir, mas sei que todos os apaixonados pensam que é fácil. Numa das conversas que tive com Lúcia depois que voltei ao plano espiritual, ela me contou como havia sentido sua experiência neste campo:

– Eu amo muito seu pai, Henrique. Lamento profundamente ter silenciado tantas vezes sobre os nossos problemas. Ah! Se eu tivesse tido a coragem de conversar mais e silenciar menos... amar mais e cobrar menos.

– Quanto tempo durou a paixão? – perguntei, um tanto querendo saber por quanto tempo eu ainda estaria envolvido pelo sentimento que mantinha por Aninha, mesmo em planos diferentes.

– Olhando agora, tenho a impressão de que durou sempre, em todos os minutos, mas sei que isso é ajudado pela saudade. A paixão se transforma em amor, e o amor consegue perdurar, quando conseguimos sentir alegria em nos doarmos para outra pessoa. Veja bem, Henrique, quase todas as pessoas têm esse exemplo maravilhoso de amor de doação para com os filhos. A imensa maioria das pessoas daria a vida por um filho sem pestanejar. Para os filhos somos só doação e fazemos isso com grande alegria interior. É desta alegria em se doar, em fazer outra pessoa feliz, que deriva o amor que mantém um relacionamento. Espíritos mais evoluídos conseguem ter este sentimento por um grande número de pessoas. Quanto mais evoluído, seu amor atinge mais pessoas, e sua felicidade é maior.

Era fácil perceber que Lúcia era um espírito iluminado e sempre agradeci a Deus por tê-la como mãe naquela experiência. Também era fácil perceber que mesmo espíritos bem preparados, como ela, sofrem muito com as contingências naturais da volta à matéria e com todas as ciladas que a jornada encarnatória nos prepara. Mas voltemos ao eixo principal da nossa história, antes que eu, que não sou um romancista, me disperse ainda mais.

Então, mesmo com toda minha paixão por Aninha, no começo de 2012, e eu estava com dezoito anos, passamos no vestibular para a UFRJ. Eu, ela e Cléber, e foi uma grande festa! Uma festa na medida exata que nossa tristeza secreta permitia, mas uma festa. Fomos todos para a casa do avô Duca e acabamos a noite na piscina, de roupa e tudo. Fazia tempo que eu não via meu pai rir. Ele estava realmente feliz, e ver aquela demonstração de alegria diante da minha conquista só reafirmava o amor que tinha por mim. Amor que a infância me fez questionar algumas vezes, mas que o tempo só veio ratificar como puro, verdadeiro, enorme. Eu me via nele como um espelho, e ele via em minha vitória a vitória dele, e isso nos fazia muito bem naquele momento. Foi no final da festa, com todo mundo na piscina, que o telefone dele tocou. Saiu da água procurando o aparelho e não o achou antes que desligasse. Estava sob uma pilha de toalhas que a avó Cida tinha trazido. Tão logo o achou, retornou a ligação, falou poucas palavras e, ainda com um sorriso nos lábios, mas já não tão espontâneo, falou que precisava sair. A lamentação foi geral, mas todos sabiam que isso era inerente ao trabalho dele, e não era a primeira vez, nem seria a última, que acontecia.

Era um dos problemas alfandegários, mas aquele não era dos mais comuns. O agente Nunes, agora seu braço direito, fora chamado ao aeroporto porque uma mulher fora presa tentando embarcar para a Itália levando cocaína disfarçada em um pote de talco dentro da mala. Cães farejadores descobriram, apesar das roupas extremamente perfumadas que envolviam o pote. Aquele não seria um problema para que o chamassem. O crime não era tão importante quanto a criminosa que tentara cometê-lo: Beatriz Brandão, sua madrasta.

– É para consumo meu! Eu não sou traficante! Com quem vocês pensam que estão falando? – gritava Beatriz, quando ele chegou à delegacia.

Meu avô, ao vê-lo, levantou e abriu os braços para o filho, como se agora tudo fosse se resolver.

– Finalmente – ele falou – vamos resolver este mal-entendido.

– Mal-entendido? – vociferou o agente Nunes, que chamara Jaime. – Mesmo que seja para consumo próprio, é um crime...

A discussão foi longa e a muito custo meu pai conseguiu serenar os ânimos. A nova lei antitóxicos[2] facilitava em muito a situação de Beatriz, pois ela não podia ser presa e sabia bem disso. Sabia que teria somente penas restritivas e facilmente eliminadas com o pagamento de multa. Teria que ser julgada, mas não sofreria consequências maiores do que ter perdido seu voo, e era isso exatamente o que mais a exasperava.

Depois de cumpridos os procedimentos legais, com um asco de animosidade pairando no ar, já que meu pai não foi, e nem poderia ser, nada condescendente, ambos foram liberados. Quando o agente Nunes entrou novamente na sala, Jaime falou:

– Eu agradeço por ter me chamado, mas... bem, mesmo sendo meu pai, você poderia ter resolvido o caso sozinho.

– Ah, sim. Com certeza! – respondeu o agitado agente Nunes. – Isso era fácil de resolver, mas creio que o doutor gostaria de dar uma olhada nisso, que achamos dentro da mala – falou, entregando uma folha de papel ao delegado Jaime.

– Você ficou com um objeto da mala dela, Nunes? Como assim?

– É uma cópia doutor, só uma cópia. Ela não vai sentir falta de nada.

Jaime ficou olhando para o agente por algum tempo, sem saber o que dizer. Nunes era um bom agente, dedicado, trabalha-

[2] Lei nº 11.343/2006. Entrou em vigor no dia 08/11/2006.

dor e ainda imaginava que podia vencer o crime com a justiça. Era ingênuo, mas era bom, e meu pai sabia bem disso, porque um dia também fora assim.

Finalmente avaliou a folha de papel que Nunes entregara. Ficou um longo minuto olhando para a folha, sem entender direito o que significava aquilo. Em cima estava escrito em caixa alta: "GRUPO NOVE". Na sequência e de maneira desordenada, apareciam muitos nomes desconhecidos, datas de reuniões, valores expressos em reais e dólares. A letra era miudinha, caixa sete, dando a impressão de que precisava conter tudo numa mesma folha. Então, do meio da folha, uma frase com dois nomes saltou diante dos olhos de Jaime:

"Os dois primeiros a serem descobertos: Jorge Brandão e Vera Santello Brandão."

Então, Jaime finalmente se interessou. Aqueles nomes ligavam imediatamente o grupo chamado Nove à sua operação fracassada, que tanto ainda o incomodava. Na linha seguinte havia outra frase:

"Manter delegado no cargo a todo custo."

Mantê-lo no cargo? Até onde ia o alcance dessa organização? Quanto poder realmente tinha? Mas Jaime não se demorou em divagações, pois logo em seguida, e destacado na folha, estava uma lista:

"Os nove deuses:

"Hefesto / Hera / Ares / Dionísio / Atena / Héstia / Eros / Ártemis / Crono."

Ao lado desta lista havia outra:

"Mudar para os nove animais:

"Urso / Camelo / Pata / Gato / Boi / Vaca / Leão / Galo / Hiena."

"Então, eles se chamavam por nome de deuses e deusas gregas e mudaram para nomes de animais!" – pensou Jaime. Durante a operação fracassada, nas escutas de telefone, ouvira algumas vezes os nomes destes animais e lembrava o quanto isso dificultava descobrir de quem estavam falando. Se um suspeito citava um apelido, como Galo, por exemplo, como ir atrás do Galo, se não tinha como saber quem era?

Os leitores devem lembrar que eu inverti propositadamente a sequência linear da história. Então, neste momento o apelido Boi era apenas mais um. A operação na baixada Fluminense ainda não tinha acontecido.

Jaime olhou para Nunes, que parecia já ter decifrado todos os enigmas daquele papel. Ficou um pouco irritado com sua expressão de autoconfiança, mas tinha que reconhecer que ele havia sido muito esperto. Naquele momento, o que mais espantava Jaime era descobrir o envolvimento do seu pai e sua madrasta com aquele grupo. Durante toda a investigação, seus nomes não haviam aparecido, ou então apareceram seus apelidos de bichos. Naquele papel não havia nenhuma indicação de que animais eram Jorge e Vera, nem os nomes de Beatriz e José Carlos apareciam, mas como ela estaria com este papel se não fossem membros do grupo? Quem seria cada um dos animais? O que significava tudo aquilo realmente?

Em seguida às listas, havia informações sobre dias de reuniões e uma linha sublinhada onde estava escrito:

"Descobrir pontos fracos de Jaime."

Mais adiante outra linha sublinhada:

"Novo endereço do Leão – Via Tagliamento 10, Roma."

Então, um dos animais poderia ser descoberto. Tinha um endereço em Roma. Como Jorge estava morto, a possibilidade de o Leão ser o juiz Ernesto Santello era grande. Morava com Vera em Roma e nunca se conseguiu nenhuma prova real que o ligasse ao crime. Aproveitara-se muito bem das prerrogativas do cargo e escapara ileso. A não possibilidade de acusar o juiz salvara o pai de Lúcia de ter que dar explicações sobre seu patrimônio.

Sem olhar para Nunes, como se tentasse chegar ao nível de compreensão dos enigmas que ele parecia já ter, Jaime continuou maquinando: o grupo diminuíra para oito com a morte de Jorge, e o Leão deveria ser o juiz. Era pouco. Era difícil decifrar, mas Nunes sorria, como se já soubesse quem era cada um. Este, por sua vez, agitava-se cada vez mais no sofá. Sabia o que aquilo significava. Havia estudado todo o processo de Jaime, bem como lido tudo que podia sobre a operação frustrada. Sabia que aquela folha de papel tinha uma quantidade de informações espantosas, mesmo que fosse como um quebra-cabeça faltando peças. Sabia que os nomes de José Carlos e Beatriz nunca haviam aparecido diretamente neste caso, mas eles sabiam que alguns nomes foram blindados.

– Temos uma maneira rápida de saber quem são – falou Nunes.

– Pelo seu sorriso irônico, pensei que já soubesse.

– Meu sorriso? Estou sorrindo pelo que descobri... e por saber que podemos descobrir quem são...

– Reabrir o processo e chamá-los para depor? Basta darmos o primeiro passo para que toda a organização tome precauções – reagiu meu pai.

– E quem está falando em reabrir o processo?

Jaime ficou olhando para Nunes por algum tempo, tentando entender por onde andava a mente agitada do seu agente. Sem conseguir chegar a uma conclusão, perguntou:

– Qual sua ideia?

– Ladrões invadem a casa, fazem uma vasculha... roubam algumas coisas... sei lá! Técnicos são chamados para consertar a TV a cabo...

– Eles moram num condomínio muito seguro.

– Não é problema para mim.

– Você anda assistindo a muito seriado americano, Nunes... isto é Brasil. É muito perigoso. E se alguém for apanhado?

– Preciso de alguns dias para estudar a ação...

–... que não tem nenhum respaldo legal, não esqueça isso.

– O doutor tinha todo o respaldo legal antes, sempre teve, e no que deu?

Ele tinha razão. Era perigoso, mas Nunes não o envolveria, tampouco causaria qualquer dano ao pai e à madrasta. Eles viviam em festas, costumavam passar a noite em cassinos clandestinos; quem entrasse no apartamento teria bastante tempo.

– De quantas pessoas você precisa? – perguntou Jaime.

– Uma... eu.

– Sigilo absoluto.

Nunes levantou e foi até a porta, onde parou e voltou-se para falar alguma coisa, mas conteve-se, como se estivesse repensando as palavras. Ele era um homem pequeno e um tanto elétrico, magro, quase calvo, com trinta e dois anos, e não parecia ser um policial. Mas era, e Jaime sabia que era dos bons. Depois de quase um minuto, ele falou:

– Só espero que o doutor não seja nenhum desses bichos aí.

“... manter o amor após a paixão é a pedra de tropeço da grande maioria dos casais.”

Capítulo 14

Duas semanas depois, o delegado Jaime teve um grande susto ao sair com seu carro da garagem do edifício onde morava. Um jovem surgiu do nada e quase foi atropelado. O carro de Jaime chegou a bater levemente nele, que pulou para trás assustado, mas, como parecia estar com pressa, nem parou. Jaime ainda saiu do carro e, mesmo um pouco irritado com a imprudência do rapaz, ainda perguntou se ele havia se machucado e se precisava de ajuda.

– Eu tô bem... tá tudo bem... – respondeu, sem parar de caminhar.

Jaime passou com o carro mais lento ao seu lado e ele fez sinal de positivo; ainda aproveitou o semáforo fechado para confirmar se ele caminhava mesmo bem. O jovem usava um uniforme de técnico em alguma coisa, com uma maleta que parecia ser de ferramentas numa das mãos e na outra o celular, do qual não tirava os olhos e foi o provável causador do acidente. Tinha uma barbicha mal aparada e um rabo de cavalo saindo de um boné branco, e pareceu não gostar muito da insistência de Jaime em saber se ele estava bem.

Pouco depois de chegar ao seu escritório, a secretária entrou e avisou que o agente Nunes queria falar com ele. Jaime estranhou, já que ela mal conseguia conter o riso:

– O Nunes sabe que não precisa se anunciar... o que está acontecendo?

Então Jaime entendeu tudo. Quem entrou no escritório foi o cara que ele havia acabado de quase atropelar e estava com um sorriso muito debochado no rosto.

– Agora tenho certeza, Nunes... você está assistindo a muito seriado americano mesmo.

– Só vim avisar que o plano está pronto.

Nunes informou a Jaime que já tinha tudo preparado e que dificilmente não daria certo. Beatriz era viciada no poker virtual e não foi difícil descobrir os horários e dias em que ela jogava. Disfarçado de técnico da empresa de TV e internet, socorreu a desesperada viciada pouco tempo depois de ter cortado sua conexão. O telefonema que Beatriz deu para a empresa caiu no telefone de Nunes, como ele mesmo havia preparado. Então, forneceu o nome do técnico que daria a assistência e ainda se deu ao luxo de atrasar a chegada, como é comum acontecer. Chegou ao apartamento, depois de ter se identificado, um pouco antes do meio-dia. Sabia que o casal almoçava todo dia fora. Sabia o itinerário habitual dos dois. Estava tudo preparado.

– Quanto tempo você vai demorar? – perguntou Beatriz, mal olhando para ele. Mas isso não o preocupava. Se o próprio delegado não o reconheceu, dificilmente ela perceberia qualquer semelhança, mesmo porque, mudando o jeito de falar e andar, posicionando de maneira diferente a mandíbula e os pequenos retoques no visual, era realmente outra pessoa.

– Deve ser rápido, senhora... alguns minutos, apenas.

Nos poucos minutos em que ficou sozinho, enquanto o casal se preparava para sair para o almoço, Nunes fez o molde da chave da porta da frente, usando a chave que ficara na porta. Depois, quando o casal voltou, informou que o caso era mais complicado e que demoraria cerca de uma hora.

– É muito tempo – reclamou Beatriz –, precisamos almoçar.

– Então, eu volto mais tarde. A que horas estarão de volta?

– Bem... não costumamos voltar cedo... mas...

– Posso voltar outro dia.

– Não. Hoje à noite tenho muito trabalho a fazer pela internet. Voltamos perto das quinze horas, está bem?

Quando passaram perto do porteiro do prédio, Nunes falou, na intenção de ser ouvido:

– Então, volto daqui a pouco...

E voltou, pouco tempo depois. Como o porteiro sabia o que estava acontecendo, aceitou a explicação de que Beatriz deixou a chave com ele para terminar o conserto. Em uma hora havia vasculhado o apartamento, bem como o computador. Copiou todo o conteúdo para um HD externo e saiu em seguida, avisando ao porteiro que o problema estava resolvido. Às quinze horas, quando viu que o casal entrava no estacionamento do prédio, ligou no celular de Beatriz e informou:

– Senhora, sua internet já está funcionando. Descobri que o problema era na rede externa; então, não preciso voltar. Pode conferir, está tudo funcionando bem.

Quando Beatriz passou pelo porteiro, este lhe avisou:

– O técnico que veio ver o problema da internet pediu para informar que está tudo funcionando, dona Beatriz.

– Ah, sim. Ele me ligou agorinha e me avisou também. Obrigada.

Nunes não havia encontrado nada suspeito no apartamento, mas sabia que os arquivos do computador poderiam estar repletos de novidades. Por isso, passou a noite vasculhando tudo. Não dormiu um minuto e às sete horas já estava na delegacia, mesmo sabendo que Jaime só chegaria às oito horas. Mas Jaime não chegou naquele dia. A secretária de Jaime também chegou mais tarde, e só neste momento Nunes soube que o delegado havia pedido uma licença de uma semana e ido para a Itália. Então, lembrou-se do endereço do Leão: via Tagliamento 10, Roma.

Ficou nervoso. Já tinha pensado que era uma boa ponta de barbante para desenrolar o novelo começar por saber quem era o Leão, mas queria fazer isso depois de colher todas as informações possíveis do apartamento de Beatriz. Jaime havia se antecipado e ele ficou num misto de admiração e tristeza, porque via na atitude do delegado que ele não havia desistido, mas também queria que ele próprio fosse atrás do endereço. Porém, a admiração e a tristeza logo deram lugar à preocupação. Seria bem melhor o delegado ter viajado com as informações que agora ele tinha. E só ele tinha. Na verdade, o que descobrira era pouco. Para saber mais, seria necessário que o computador passasse pela polícia técnica, mas só poderia fazer isso com autorização do delegado, porque as informações, assim, não seriam apenas deles. Por conta própria, não conseguira quase nada de novo, nenhuma pista relevante, mas havia a cópia de um *e-mail*, com data recente, que poderia não servir para chegar a alguém, porém, causava muita preocupação.

Sentou em frente ao seu computador e abriu um arquivo do Word, onde poucas e preocupantes linhas o estavam deixando bastante aflito:

Rua André Rocha, 511

Horário que chega: entre 18h30 e 20h

Horário que sai: entre 7h45 e 8h15

Posição: marquise do prédio da frente, entre as folhas. Sai com o carro subindo uma rampa. Esperar o carro estar no meio-fio. Tem que parar para abrir a cancela.

Carro: jetta preto.

Placa: LQL 4112

Data: ?

Sim. Jaime precisava urgentemente ver isso. Jaime morava na rua André Rocha e tinha um jetta preto.

Capítulo 15

Amanhecia na serra gaúcha, no ano de 1984, e Gabriela Balbo havia saído cedo de casa para pegar o ônibus que a levaria ao colégio, em Bento Gonçalves. O inverno estava sendo rigoroso e os parreirais ao redor da estrada pareciam esqueletos enegrecidos. Era mês de junho e ainda viria muito frio pela frente. Ao redor do ponto de ônibus estava tudo branco de geada e, com as primeiras claridades do dia, uma bruma começava a cobrir a vegetação, passando uma sensação térmica ainda mais baixa. O sol demoraria a furar a bruma e começar a aquecer a terra. Com seu longo casaco e gorro de lã, ambos vermelhos, suas botas pretas de camurça, seu nariz arroxeado de frio se destacando no que ficava descoberto do rosto, Gabriela mais parecia uma duende da mata. Os fiapos de cabelo castanho-claro fugiam do gorro de forma meio desgrenhada, mas nada conseguia esconder sua beleza. Com o frio, sua pele alternava áreas de palidez com ilhas de tons rosados que contrastavam com o azul intenso dos olhos. Os olhos de Gabriela faiscavam de beleza, mas ao observador mais cuidadoso, não deixavam nunca de mostrar um leve matiz de solidão.

Ela era precoce. Com dezesseis anos já cursava o segundo ano do segundo grau e seu sonho era mudar para Porto Alegre para fazer faculdade. Sabia que a condição financeira da família era precária, depois da morte prematura do pai, Antonio Balbo, há dois anos. A mãe não sabia administrar a pequena propriedade e precisou arrendar a área cultivada para não perder tudo, mas os arrendatários não foram totalmente honestos no primeiro ano, e o que sobrou da safra de uvas foi pouco. A produção era toda comprada pela cooperativa, mas, até chegar a hora da entrega, era muito trabalho para administrar sem ter a mão firme do pai no comando.

A situação ficou ainda mais desesperadora quando Giovani Danzieri, o filho mais velho e solteirão da família Danzieri, que havia arrendado os parreirais, propôs casamento para sua mãe, viúva há pouco tempo. No início ela ficou desesperada com a possibilidade do casamento, mas foi a própria dona Izaura, sua mãe, quem esclareceu para ela a objetividade de sua decisão, quando disse sim ao pretendente. Sabia que aquele homem procurava uma companheira porque estava começando a envelhecer sozinho e ela estava disponível. Era quase como um negócio.

Realmente, em poucos meses a situação começou a normalizar, embora ainda estivessem tão endividados, porém, com perspectivas de organizar as contas com as próximas safras. O que Gabriela não podia imaginar, nem em seus piores pesadelos, era a situação que estava vivendo com um novo homem em casa. Sua mãe era ainda uma mulher bonita, embora a lida diária a tenha envelhecido um pouco antes do tempo. Mas ela, por sua vez, era uma jovem linda, por sinal, lindíssima. Sabia disso pelos comentários que ouvia. Sabia disso desde criança e acostumara-se a ser linda. Isso a tornara vaidosa, porém, ingênua; nunca entendera, como agora, os perigos que a beleza poderia lhe trazer.

Giovani Danzieri era um homem rude. Nos seus quarenta anos nunca tivera jeito com mulheres e era tido como tímido. A família Danzieri produzia homens grandes, e Giovani não era exceção. Tinha o rosto quadrado e a pele precocemente ressecada pela lida na terra, de sol a sol. Os cabelos eram loiros, mas foscos, um tanto para o acinzentado, e as sobrancelhas, mesmo grossas, eram quase da cor da pele, não se destacando no rosto, dando a ele uma constante expressão vaga. Era um pouco difícil saber se ele estava alegre ou triste. Na verdade, ele estava mesmo sempre um tanto ensimesmado.

Os mais chegados brincavam com o fato de ele ser desconfiado de tudo, mas era raro ele responder a uma brincadeira. Talvez essa característica é que desse a ele a impressão de timidez. Gabriela até achava que ele era mesmo tímido, mas, mesmo assim, não tirava os olhos dela. Não era um olhar comum, ela sentia. Havia cobiça naquela expressão, e isso a deixava apavorada. Pensava em falar com a mãe, mas nem ela tinha ainda uma prova do que desconfiava. Ele se aproximava dela quando a mãe não estava presente. Trazia lembrancinhas tolas quando vinha da cidade para ela, e não para a mãe, e dizia que não era para Izaura saber. Ele não tinha nenhum refinamento e falava pouco, mas parecia ter um vulcão querendo explodir dentro de si, a cada vez que cravava os olhos na menina. Sim, uma menina de dezesseis anos, que nem namorado tivera ainda.

Gabriela não via nenhum problema em ir para a estrada numa manhã fria como aquela, com o gelo trincando a seus pés, pois era a chance de ficar longe de casa. Por ela só voltaria na hora de dormir. Quase na hora de o ônibus passar, ela viu o ford pampa de Giovani saindo da estrada do sítio e entrando na estrada principal, cerca de cinquenta metros acima de onde estava. Desceu com o carro devagar e encostou em frente ao ponto. Tão logo ele parou, o ônibus apareceu no alto da estrada:

– Tenho que ir para a cidade – falou Giovani –, não precisa pegar o ônibus.

– Eu vou de ônibus – respondeu Gabriela, assustada.

– E lá nós temos dinheiro sobrando? Por que gastar com passagem se vou pra cidade? Vamos, entra...

O ônibus já estava perto e Gabriela tentou ir para a frente do carro, para que o motorista a visse, mas Giovani cortou seu caminho com a camioneta. Ela ainda acenou, mas viu que ele também acenava da janela, fazendo sinal para o ônibus passar. Ficou furiosa, correu na estrada como uma louca, acenando, mas o ônibus não parou. Tinha prova de química e matemática. Não tinha se saído bem no primeiro bimestre e suas notas estavam baixas; por isso, e também para fugir do padrasto, se trancara no quarto e estudara como nunca. Seu sonho de ir embora a movia. Não podia perder as provas. Então, ele emparelhou com ela, que andava rápido, mas sabia que não podia ir caminhando para ao colégio.

– O que você tem? Está louca? Entra antes que eu perca a paciência e chame sua mãe...

Ele havia aberto a porta e ela entrou. Bateu a porta com força e se abraçou à pasta onde levava os cadernos. A marcha da camioneta arranhou duas vezes até ele conseguir engatar, provocando alguns palavrões. Depois ele acelerou, ainda na descida, e ela ficou assustada. Sabia que ele era péssimo motorista e a estrada, embora asfaltada, era cheia de curvas perigosas e barrancos muito próximos. Muitos colonos já haviam se extraviado naquelas curvas. Na primeira curva mais fechada a roda dianteira da camioneta caiu fora do asfalto e deu um solavanco, chacoalhando de um lado para o outro até ele conseguir alinhar o carro novamente.

– Ei! Você está louco? Quer matar a gente? – gritou Gabriela.

– Por que você não cala essa boca? – respondeu Giovani, colocando a mão sobre a perna esquerda de Gabriela e pressionando os dedos, causando um profundo mal-estar na menina, que ficou com outro grito embargado na garganta.

A camioneta continuou ziguezagueando pela estrada, em velocidade bem mais alta do que deveria. Em meia hora Gabriela deveria estar no colégio, mas ela não chegou à escola naquele dia. Tampouco Giovani voltou para casa.

Dona Izaura, que não sabia que o marido iria sair de carro, ficou preocupada com a demora. Perto da hora em que Gabriela normalmente voltava, foi para o ponto de ônibus, mas ficou ainda mais aflita quando o ônibus não parou. Somente a filha descia naquele ponto, mas ele passou reto. O dia continuou e somente perto do entardecer ela teve coragem e entrou na velha rural do falecido marido. Sabia dirigir bem pouco e, aos trancos e ouvindo algumas buzinadas, conseguiu chegar na casa da família Danziere, onde tinha ainda alguma esperança de encontrar o marido. Não encontrou e alarmou uma família de italianos. Dali, foram diretamente para a delegacia de Bento Gonçalves. O delegado ligou para o hospital e para a polícia rodoviária. Ninguém sabia de nada. Giovani Danziere e Gabriela Balbo estavam desaparecidos, para desespero de toda a família.

Capítulo 16

O padre Godoy gostava da madrugada para viajar. Havia passado alguns dias na casa da tia, Anita Pazianotto, em Bento Gonçalves, mas era hora de voltar para sua paróquia, na periferia de Porto Alegre. O seu belo fusca azul-claro estava com o tanque cheio, pneus calibrados e bastante limpo, como sempre. Sabia que enfrentaria alguma neblina na madrugada, mas preferia a estrada bem mais vazia daquele horário. Então, às quatro horas de uma madrugada muito fria, no mês de junho de 1984, deixou um beijo na testa da tia, que sorriu, e foi embora.

Padre Godoy tinha trinta e quatro anos e uma história de superação. De uma família muito pobre, tivera paralisia infantil quando criança, mas, agora adulto, era difícil perceber que coxeava. Aos treze anos, quando trabalhava com o pai em uma serraria, removendo as sobras de madeira das serras, uma ponta afiada de madeira voou de uma circular e cravou-se no seu olho esquerdo. Como sofreu o menino! Como sofreu a família!

Pela bondade de algumas almas caridosas, mais tarde, Vilfredo Godoy ganhou de presente uma prótese ocular. Um olho de vidro. Porém, o menino, que já era tímido, ficou ainda mais introspectivo. Durante a juventude, se afastou dos amigos, porque se achava feio e deficiente. Então, os pais morreram. O pai, que já não era tão novo, morreu de um enfarto fulminante. A mãe, um mês depois, morreu de tristeza. Uma gripe mais forte a encontrou debilitada e a levou. Ficou somente a tia, que era casada com um pedreiro e tinha três filhos. Assim, Vilfredo Godoy foi morar na casa dos primos, mas o tio, Paulo Pazianotto, não via muita serventia nele, que coxeava bem mais nesta época e se atrapalhava em demasia com a falta de um olho, não servindo muito para o trabalho. Ainda assim ficou na casa da tia, tentando ajudar como podia por dois anos, até que esta perdeu uma filha logo após o parto. O tio havia levado a esposa para uma fazenda onde estava construindo uma casa e a menina nasceu e morreu lá. Quando voltou para casa, Anita estava desnorteada e não conseguiu mais proteger o sobrinho como de costume, o que tornou a convivência dele com o tio insuportável.

A vocação sacerdotal apareceu em sua vida como uma saída perfeita e honrosa. A tia, muito beata, era amiga do padre. O padre era amigo do bispo. Os dois eram boas pessoas e acolheram Vilfredo num internato. Isso aconteceu em 1968, e não demorou para que o frei Godoy encontrasse alguma alegria na palavra de Deus e na ajuda aos semelhantes. Ao invés de recalcar-se com a aparente má sorte na vida, agradeceu ao Criador a oportunidade que tinha nas mãos de se tornar um espírito forte, uma alma lúcida, forjada pela dor e pelo estudo. Estudou muito e tornou-se padre. O tempo e os bons serviços levaram padre Godoy à paróquia Nossa Senhora da Misericórdia, na Restinga, onde era amado pela comunidade, devido à sua bondade e sua energia em servir ao bem. Jamais ficara restrito ao serviço das missas, sempre fora muito além, trabalhando com afinco no equilíbrio das famílias que o cercavam. A falta de uma família mais próxima transformou-o num pilar para tantas outras famílias.

A neblina daquela manhã estava mais densa do que padre Godoy imaginava. Logo que o fusca azul-claro saiu de uma curva fechada à esquerda, uma mancha vermelha se precipitou da beira da estrada na sua direção. Com muita habilidade ele conseguiu frear e desviar ao mesmo tempo, mas o carro rodou e ficou com a traseira enfiada no mato da beira da estrada. Pulou do carro porque tivera a impressão de que aquela mancha vermelha era uma pessoa. E era. Uma menina toda suja de lama veio na direção dele aos prantos e o agarrou pelos braços assim que se encontraram:

– Por favor, me leve embora daqui... me salve... por favor... – ela falava, com a voz entrecortada por soluços.

– Santo Deus! O que aconteceu com você? Pela virgem Maria!

– Me leve embora... por Deus! – repetiu a menina, cada vez mais desesperada.

Padre Godoy, que se vestia normalmente, não parecendo ser um padre, olhou para os lados e não viu nada. Nenhum sinal de acidente. Olhou novamente para a menina, que tinha os olhos azuis molhados e o rosto todo arranhado, com algumas manchas de sangue cobrindo o casaco, além de muita lama espalhada por toda a roupa.

– Foi um acidente? Tem mais alguém vivo? – perguntou, mas a menina parecia não registrar bem suas palavras, e só continuava a repetir o pedido para que ele a levasse dali.

O padre ainda tentou soltar-se dela e vasculhar a área, mas ela não permitia que ele se afastasse. Então, uma intuição lhe ocorreu, pois, nas suas longas conversas com Deus, já aprendera que precisava confiar nas suas intuições. Por isso, tentou tranquilizar a menina enquanto a levava para o carro:

– Nós vamos embora. Vou levá-la embora, está bem? Tenha calma, tudo vai ficar bem...

Com o coração apertado por uma estranha sensação de fatalidade, o padre conseguiu tirar o carro de onde estava e partiu devagar pela estrada, com muito cuidado ainda, por causa da neblina, enquanto Gabriela soluçava baixinho ao seu lado. Não era hora de fazer perguntas, apenas de ajudar.

Quando o fusca do padre entrou pela garagem, dona Maria do Carmo logo veio dar as boas-vindas ao padre, mas ficou assustada com o que viu. Sem entender direito a situação, ficou olhando para o padre, esperando alguma explicação.

– Antes, ajudamos; depois, se for preciso, perguntamos, irmã – foi a resposta que teve.

Não foi preciso explicar mais. Dona Maria do Carmo ajudava o padre há alguns anos. Era viúva e os filhos estavam bem orientados na vida, o que possibilitava a ela um trabalho voluntário dentro da igreja, começando por ajudar padre Godoy em sua casa. Ela levou Gabriela para dentro com carinho, sem perguntas, e fez sinal para o padre de que daria jeito na situação. Ninguém melhor do que ela naquele momento. Já fizera curso de primeiros socorros e curso técnico em enfermagem. Era voluntária em hospitais e junto ao padre formava um duplo farol luminoso para muitas almas da região. Era um tanto ranzinza e exigente no temor a Deus, excedendo-se às vezes nas interpretações da palavra divina, mas era uma boa mulher.

Quase uma hora depois de levar Gabriela para o banheiro e ajudá-la a tomar um banho, Maria do Carmo voltou para a sala e encontrou o padre sentado em seu sofá de leitura concentrado em uma oração. Silenciosamente sentou-se à sua frente e esperou até que ele abrisse os olhos, para depois perguntar, ainda com ar de espanto:

– O senhor tem ideia do que aconteceu com essa menina? Tem ideia do que fizeram com ela?

– Sim, minha irmã. Não sei de nenhum fato concreto, mas intuí. Não foi à toa que a trouxe sem avisar ninguém. Vamos esperar que ela esteja bem, para depois fazermos perguntas. A senhora acha que precisamos chamar um médico?

– Bem... ela está um pouco machucada... mas está bem claro que o que dói mais é a alma. Talvez um psicólogo fosse melhor que um médico...

– Neste momento o melhor psicólogo é Deus, minha irmã, além das nossas boas intenções e ações. Vamos dar a ela um pouco de tempo. Eu tenho muitos compromissos hoje, mas sei que a senhora cuidará dela com todo carinho.

– Não tenha nenhuma dúvida disso, padre. Ela estará segura comigo.

Por dois dias não foram feitas perguntas à Gabriela. Ela não saía do quarto e chorava na maior parte do tempo. Quase não se alimentava, por mais que Maria do Carmo insistisse. Nestes dois dias, trocou poucas palavras, mas o padre não permitia que ela fosse pressionada a falar nada. Pensava que logo ela estaria em condições de falar e, então, tomariam as providências. Havia entrado em contato com a tia e soubera que uma jovem de dezesseis anos e seu padrasto estavam desaparecidos, e isso alvoroçava a cidade. A notícia saiu na televisão e cada vez mais o padre se assegurava de que sua intuição estava certa. Sabia da necessidade de comunicar à mãe da menina e isso o deixava um tanto ansioso, mas a intuição ainda o guiava; por isso, resolveu esperar um pouco mais.

Na manhã do quarto dia, com muita delicadeza, padre Godoy pediu à Gabriela se poderia entrar em seu quarto, parado na porta. Ela sorriu, pela primeira vez, de maneira muito tímida, mas, naquele sorriso, já expressava sua profunda gratidão por aquele servo de Deus.

Então, o padre puxou uma cadeira e sentou-se ao lado da cama. Depois, estendeu um jornal para a menina, dobrado em dois, e mostrou a ela uma matéria policial da região de Bento Gonçalves. Uma foto mostrava um caminhão guincho tirando uma camioneta ford pampa do fundo de uma ribanceira. O título da reportagem era: "Padrasto desaparecido é encontrado morto – nenhum sinal da enteada".

O texto da matéria trazia a informação de que o carro de Giovani Danzieri fora encontrado no fundo de um barranco muito alto de uma estrada secundária, a doze quilômetros de Bento Gonçalves. O veículo estava totalmente envolto pela vegetação e o corpo fora encontrado com uma lasca de madeira fina enfiada no pescoço, o que poderia sugerir um assassinato, embora a lasca pudesse ter se enfiado ali devido ao veículo estar embrenhado na mata. Não havia pistas da enteada e a polícia técnica da capital já fora chamada para investigar. Além disso, havia uma série de especulações e curtas entrevistas com familiares e amigos, tanto de Giovani, quanto de Gabriela.

Padre Godoy esperou que ela lesse toda a matéria com calma, e somente algum tempo depois ele perguntou:

– Como posso ajudar você, minha filha?

Gabriela levantou para ele um olhar desesperado. O horror ainda estava estampado em sua face. Em soluços ela respondeu ao padre com uma nova pergunta:

– Será que um dia Deus vai me aceitar de volta, padre?

“Ao invés de recalcar-se com a aparente má sorte na vida, agradeceu ao Criador a oportunidade que tinha nas mãos de se tornar um espírito forte, uma alma lúcida, forjada pela dor e pelo estudo.”

Capítulo 17

Jacinto nunca gostou do seu nome. Gostava menos ainda do trocadilho que o sobrenome da mãe lhe proporcionava, o nome do meio: Dorval. Como seus pais puderam? Que falta de sensibilidade! A homenagem ao avô poderia ser feita de tantas outras formas, por que no seu nome?

Na infância isso não o incomodava muito, mas, na adolescência, a situação começou a ficar perturbadora. Nem era tanto pelas brincadeiras – se ele sentia mesmo dor –, mas sim pela repetição cansativa da mesma piadinha. Cada pessoa nova que tinha que falar seu nome olhava para ele de maneira irônica. Cada novo professor, no começo do ano, parava no seu nome. Os mais sérios somente faziam uma breve pausa, mas sempre havia os mais espirituosos. Alguns caíam no riso franco e com isso toda a turma se desmanchava em gargalhadas, sempre. Era um tempo em que a palavra *bullying* não tinha a aplicação de agora. Jacinto se sentia desprotegido e isolado. Tentou apelidos, mas o que pegava fácil para outros meninos nele não colava: Preto, Mano, Xiru, Vareta, nada. Mesmo Jaci, de que ele não gostava, não pegou. Então, ficou Jacinto, e o trocadilho de que ele sentia dor persistiu, para ele, eternamente. As chacotas ainda tinham um aguilhão a mais, no contexto de transtornos que acompanhavam o menino. Seu pai era moreno, descendente distante dos nativos da região dos pampas, de pele mais escura do que os de ascendência europeia. Jacinto também tinha a tez morena um tanto intensa, e o racismo maquiado de bom humor, ou nem tanto, sempre pontuou em todas as regiões brasileiras. Então, ficava ainda mais interessante e fácil a chacota.

Nada melhorou em relação a isso quando o pai, Euzébio Carvalho de Lima, gerente do Banco do Brasil, foi transferido para Porto Alegre quando ele tinha dezessete anos, e passou a frequentar o famoso Colégio Estadual Júlio de Castilhos. Corria o ano de 1972, e a disciplina nas escolas sofria forte influência militar. O Júlio de Castilhos não escapava desta influência, mas nem isso diminuía as chacotas. A relação de Jacinto com o pai nunca fora boa e piorou muito depois que a mãe morreu, quando ele tinha oito anos. A mãe morreu no parto do irmão que seria seu caçula. Além da perda prematura da mãe e da frustração de não ter um irmão, em menos de um ano seu pai estava casado de novo e Jacinto não gostava da madrasta, Juliana. A madrasta, por sua vez, não tinha nenhuma simpatia pelo menino. Era estagiária no banco, portanto, bem mais nova que o pai, e a cidade inteira comentou que ela se aproveitara da situação. Euzébio, o pai de Jacinto, parecia não se incomodar com os boatos. Queria mesmo uma nova companheira, pois dizia que não sabia viver sozinho.

O conflito logo se estabeleceu na família. Euzébio, embora encantado com a beleza e juventude de Juliana, queria uma dona de casa e era ciumento, além de bastante controlado nos seus gastos. Os sonhos de riqueza, liberdade e viagens de Juliana logo se viram frustrados, e a frustração escorregava fácil para Jacinto, que odiava cada vez mais Juliana. Tanto que não demorou para ela perceber o quanto o trocadilho do nome o irritava e não teve nenhuma dúvida em irritá-lo ainda mais. Todo dia o seu cumprimento ao menino era: "Bom-dia, querido! Ainda está sentindo dor?" Todo dia. Todo dia. Todo dia. Todo dia. Euzébio, na verdade, passou a ter duas crianças em casa.

Aos dezessete anos e em uma nova cidade, a convivência entre os três restringia-se a vocábulos e impressões rápidas. Jacinto se dedicava ao estudo no forte colégio Júlio de Castilhos, na época chamado de Julinho, por onde haviam passado personalidades influentes do estado e do país, como Leonel Brizola, Paulo Brossard, Barbosa Lessa, entre outros. Em sua cabeça o ideal era a advocacia. Nem precisou de qualquer curso extra para passar para a UFRGS. Foi um aluno de destaque e logo contratado para um influente escritório de advocacia da cidade.

Em 1979, Jacinto casou com a filha de um dos patrões, Amélia Figueiredo, tímida e prendada, criada à moda antiga. Durante a faculdade, já havia conseguido emprego de estagiário em outros escritórios, e conseguira fundos para pagar uma quitinete. Assim, ele se livrara do pai e da madrasta, com os quais tinha contatos muito esporádicos. A vida de casado foi gratificante nos dois primeiros anos, mas o humor da esposa, aos poucos, começou a se deteriorar. Apatias duradouras começaram a ser substituídas bruscamente por estados de euforia, que eram acompanhados por gastos enormes no cartão de crédito, a novidade das famílias mais abastadas e que fora um presente do pai à filha ainda solteira, mas que agora, obviamente, tinha que ser mantido pelo marido.

A relação de Jacinto com os sogros também sofria desgastes. A sogra era autoritária e mimava a filha como se fosse ainda uma criança, condenando sempre o genro por não dar a ela a atenção devida. O sogro, por sua vez, mostrou-se um perdulário. Jacinto era um trabalhador dedicado e aceitou a proposta do sogro de comandar um escritório num bairro distante do centro, mas que se tornava cada vez mais populoso e cheio de causas, o bairro da Restinga. O problema era que, mesmo com a filial tendo uma boa quantidade de causas, a gerência financeira ficava nas mãos do sogro, que repassava ao genro valores que não eram dignos da sua dedicação. Como o bairro ficava cerca de vinte quilômetros do centro, Jacinto viu nisso a oportunidade de se afastar da sogra e mudou para uma casa perto do novo escritório. No entanto, a distância da mãe parecia não ter ajudado na melhora da filha, pelo contrário. Entregava-se cada vez mais a estados depressivos.

A situação econômica do casal também estava cada vez mais debilitada, porque Jacinto trabalhava muito mais do que recebia do sogro e, muitas vezes, tinha dificuldades em pagar as contas da esposa, resultado dos seus estados de euforia, quando ficava dias seguidos em companhia da mãe no centro da cidade. Nestas situações ele se obrigava a passar pela humilhante situação de aceitar dinheiro do sogro. Sabia que aquele dinheiro era merecido pelo trabalho, mas não com o peso de uma doação, que sempre lhe soara como incapacidade de sua parte, o que era sutilmente usado pela sogra.

Os estados de apatia de Amélia estavam cada vez mais duradouros, mas a mãe, dona Neném, não aceitava um tratamento psicológico, muito menos psiquiátrico, quando Jacinto propunha a ideia:

– Você está chamando minha filha de louca? Quem é você para falar isso? Não se enxerga? Minha filha está doente porque você não cuida dela como deveria, mas não é louca. A falta de dinheiro afeta qualquer um, não só minha filha. Sempre que ela volta para o meu lado fica boa, é fácil de perceber...

Neste tempo, por volta do ano de 1984, o único e verdadeiro consolo que Jacinto encontrava eram as longas conversas com o padre do bairro. A casa que alugara era próxima à igreja da Nossa Senhora da Misericórdia, e o padre o recebia nos finais da tarde, depois dos ofícios, para tomarem uma boa taça de vinho, ou um licor de pitanga. O padre estimulava constantemente sua paciência e resignação, bem como fazia visitas à esposa durante seus estados mais obscuros. Tornara-se muito mais que um orientador espiritual, por sua posição na comunidade, mas também um amigo. Jacinto agradecia, prestando pequenos serviços advocatícios às pessoas de baixa renda, orientados pelo padre a o procurarem, embora tivesse que fazer isso sem que o sogro soubesse.

Num final de tarde de inverno, Jacinto encontrou o padre à sua espera já com uma taça de vinho servida, na pequena sala de sua casa. Depois de algumas palavras triviais, Jacinto perguntou:

– Sinto o amigo um pouco ansioso... tem algum problema? Alguma coisa que eu possa ajudar?

– Bem... nada sério, na verdade, e talvez possamos fazer uma troca de favores. O amigo me falou que estava procurando alguém para tomar conta da esposa... um tipo de dama de companhia, o que não existe mais hoje em dia.

– Sim, desde que não fosse muito caro, gostaria de ter uma pessoa... o senhor conhece alguém que se encaixe?

– Talvez sim. Não tem experiência, mas aparenta ter boa vontade e, principalmente, necessidade, embora seja muito jovem...

– Quem é ela?

Padre Godoy suspirou fundo e olhou para a janela, vendo que a noite já se instalara, depois tomou um longo gole de vinho, antes de falar:

– A noite não está tão fria como as outras, não é mesmo? Que tal conversarmos um pouco caminhando? Tenho algumas coisas a lhe contar...

“Padre Godoy estimulava constantemente sua paciência e resignação. Tornara-se muito mais que um orientador espiritual, mas também um amigo.”

Capítulo 18

Padre Godoy voltou a Bento Gonçalves uma semana depois da descoberta do corpo de Giovani e ouviu tudo o que se dizia pela cidade. Sabendo que dona Izaura era uma católica fervorosa, fez uma visita à viúva. Apresentou-se como padre, um servo de Deus que se emocionou com a tragédia e pensava em ajudar, levando o consolo do evangelho, o que não deixava de ser verdade. Conversaram muito, e dona Izaura ficou impressionada com a bondade e paciência daquele homem. Este, por sua vez, descobriu que a viúva, duplamente viúva em tão pouco tempo, estava sendo ajudada pela família de Giovani e, desta forma, não teria problemas financeiros maiores, se as safras fossem boas.

– Eu não acredito que ela tenha feito isso – falou dona Izaura, depois de um breve intervalo de silêncio.

– Isso? – perguntou o padre.

– O senhor sabe... estão dizendo que ela fugiu porque matou o Giovani. Ah! Padre, já me fizeram tantas perguntas... eu nem sei mais o que dizer. Eu nunca vi nada entre eles, não é possível... ela era uma moça boa, não é possível...

– E ele? O que a senhora poderia dizer dele?

– Padre, eu aceitei casar com ele porque era prático. O senhor sabe como a vida na terra é difícil para uma mulher sozinha... mas eu não o conhecia. Tinha visto ele uma vez ou outra, nos domingos, na saída da missa... sabia que ele tinha fama de ser meio estranho. No pouco tempo que vivemos juntos eu via que ele conversava mais com a Gabriela do que comigo, mas achava isso até bom, porque a menina ia ter mais dificuldade de se acostumar com ele...

– Nunca viu nada estranho entre eles? A senhora sabe que está conversando com um padre... não há do que ter medo.

– Nunca... já falei isso pro delegado. Falei pra todo mundo... foi um acidente...

– Um acidente... – falou o padre, quase que para si mesmo – mas, e sua filha, onde pode estar? Por que sumiria?

– Não sei, padre, não sei... Já vasculharam tudo e ninguém descobriu nada. Dizem que ela fugiu porque matou o padrasto. Não acredito... mas...

– Mas?

– Dizem que uma menina bonita na estrada consegue carona fácil e foi assim que ela fugiu... Se foi isso mesmo, padre, e peço a Deus que me perdoe se estiver errada, eu quero que ela vá para bem longe e nunca mais apareça. Porque, se ela fugiu, é porque ele fez alguma coisa errada com ela... mas quem vai dar razão a ela? O senhor sabe como é, o homem sempre tem razão. Os Danzieri são muito unidos, como todo italiano; não vão sossegar enquanto não vingarem a morte do Giovani, tendo ele razão ou não, sendo um monstro ou não. Então, eu quero mesmo que ela fuja, porque ninguém vai acreditar na minha menina...

No final do dia, com o coração mais aliviado, padre Godoy voltou para a casa da tia, que estava sozinha por um tempo, já que o marido e os filhos estavam construindo uma casa em Vacaria e só voltavam no fim de semana. No final do jantar, depois de conversarem muito sobre o assunto, o padre perguntou a Anita Pazianotto:

– Estou notando que a tia está triste... aconteceu alguma coisa?

– Ah! Coisa de velha, meu filho. Não se incomode.

Anita falou com a voz um pouco embargada, e foi fácil ao padre perceber que alguma emoção mais forte a afligia. Então, puxou a cadeira para mais perto da tia e segurou suas mãos, antes de falar:

– Acho que a senhora está precisando conversar, não é mesmo? Quer conversar com o sobrinho ou com o padre?

A tia não resistiu ao carinho e atenção do sobrinho e deixou que o choro a dominasse por alguns minutos. Com paciência, Godoy manteve as mãos dela entre as suas, até que se acalmou. Depois de um profundo suspiro, ela falou:

– Hoje ela faria aniversário...

– Ela?

– Quando você morava aqui eu perdi uma filha, lembra disso?

– Sim. Eu não cheguei a conhecer a priminha, mas lembro que falaram que ela nasceu muito franzina e não resistiu – respondeu o padre, lembrando que este fora o principal motivo de ele sair da casa da tia e, imediatamente, como era seu costume, agradeceu a Deus mais uma vez pela vida que escolhera.

A tia teve que segurar mais uma crise de choro, com alguma dificuldade, antes de voltar a falar, o que fez ainda com a voz entrecortada por soluços reprimidos.

– Sim, ela não resistiu, mas, se tivesse sido bem cuidada, não morreria. Meu Deus! Como eu pude deixar isso acontecer?

Como a consciência ainda me pesa! Acho que preciso mesmo me confessar com o padre, meu filho; assim você poderia me dar o perdão de Deus.

– Eu não posso dar perdão nenhum, tia. Só seu coração falando diretamente com Deus pode conseguir o perdão, se fez realmente alguma coisa errada. Para isso posso apenas ajudá-la a chegar até a Ele.

– E Deus ouviria uma alma como a minha?

– Se ele ouviu e sempre ouve a minha, que sou um pobre servo, porque não ouviria a sua, que sempre foi tão valorosa?

– Então, vou lhe contar... mas vou contar resumido, porque o assunto ainda me dói muito. Seu tio também estava trabalhando em outra cidade quando fiquei grávida da menina e ele sempre desconfiou que não era o pai... Meu Deus! Eu ainda era uma mulher muito bonita, mesmo já com três filhos, mas jamais o trairia. Isso nunca passou pela minha cabeça, mas os corações ciumentos às vezes não acreditam nem no que seus olhos veem. Quando a menina nasceu, ele continuou me acusando, mesmo ela sendo a carinha de todos os outros três. Foi um tempo difícil... nem batizada foi, não deu tempo. Ele tinha me levado para o interior, para a fazenda onde estava construindo uma casa, e o parto foi feito por uma parteira. A menina nasceu fraca e ele não deixou que a levássemos ao médico. Meu Deus!

– Calma, tia, calma – falou o padre, diante dos soluços da tia, que novamente quase não a deixavam mais falar. – Já passou, se não quiser falar mais nada, fica assim.

– Ele nem deixou trazer para a cidade. Enterramos na fazenda; nem missa ela teve... eu tinha que ter reagido. Não podia ter aceitado, não podia... que Deus um dia me perdoe.

Emocionado com o depoimento da tia, o que ele jamais esperava, Godoy levantou e pousou as mãos nos ombros da tia, depois elevou a Deus uma prece sentida de perdão. Orou com tanto fervor que a tia sentiu um calor brando brotando das mãos do padre e correndo por seu corpo, trazendo a ela uma sensação de paz que nunca havia sentido. Era como se Deus finalmente a ouvisse e a perdoasse.

Quando o padre voltou a se sentar, ela o olhou como se tivesse um santo na sua frente. Sabia da fama do sobrinho, mas nunca, como agora, tinha sentido sua força e sua fé.

– Obrigada, meu filho. Deus entrou em meu coração e conversou comigo... e acredito que me perdoou – falou a tia, com um sorriso de carinho.

– Se alguém tem mesmo culpa, não é a senhora, minha tia, ao menos não toda a culpa. Mas e a situação da menina? Ela não foi registrada? Não houve nenhuma suspeita da Justiça?

– Paulo a registrou. Acredito que ele viveu um período de muitas dúvidas, mas a registrou, porque, mesmo franzina, não se podia dizer que iria morrer. Foi na terceira semana que ela adoeceu de verdade... mas não registrou sua morte.

– Não? Por que não?

– Ah! Meu filho... seu tio não deixou que ela fosse tratada e isso é um crime. Não quis me trazer para a cidade, nem quis buscar um médico. Se registrássemos a morte, teríamos que dar explicações... ninguém se incomodou com isso quando ela morreu.

– Ele a matou, minha tia... foi isso que aconteceu?

– Não sei. A parteira cuidava dela e eu acho que deu alguma coisa pra ela...

Padre Godoy não falou mais nada. Estava muito chocado com o tio, que nunca o tinha tratado com qualquer tipo de gentileza e sempre se mostrara um tanto bruto, mesmo com os filhos, mas não o imaginava capaz de uma atrocidade como essa, somente por ciúme. Na posição de padre que acabara de ouvir uma confissão, não podia fazer nada, mesmo porque qualquer coisa que fizesse afetaria diretamente à tia, que fora apenas vítima do próprio medo. Mas quem era ele para julgar? Não era para isso que estava passando pela vida.

Ficou um longo tempo em silêncio e, dentro desse silêncio, estava ligado a Deus, e cada vez mais sentia Sua mão mexendo no tabuleiro do destino. Sentia que sua presença em tudo que estava vivendo nada tinha de ocasional. Depois deste longo silêncio, em que sua mente se mantinha em oração, pedindo para não julgar, tampouco ser injusto, perguntou:

– Com que nome ela foi registrada, tia?

– Um nome lindo, muito lindo... o nome da minha mãe, Lívia... Lívia Pazianotto.

Lívia Pazzianotto, pensou padre Godoy. Realmente, que nome lindo!

***

Então, no ano de 1984, Jacinto recebeu Lívia Pazianotto em sua casa, para ser uma espécie de acompanhante de Amélia. Ele tinha vinte e nove anos e o seu maior medo era uma tentativa de suicídio da esposa, até porque ela já havia comentado algumas vezes o assunto. Sabia a história da menina. Sabia que ela precisava se manter escondida, ao menos por algum tempo. Por isso, resolveu ajudar o padre, sabendo que também poderia ser ajudado. Haviam conversado longamente com a menina e exposto a ela todas as consequências da situação. Caso ela fosse descoberta, tanto o padre quanto ele poderiam ter problemas.

Lívia sabia da opinião da mãe, dona Izaura, por intermédio do padre. Sabia que, se voltasse a Bento Gonçalves, seria acusada da morte de Giovani e, mesmo que se julgasse inocente, sabia que isso transtornaria sua vida mais do que fugir. Padre Godoy, por sua vez, orava muitas vezes ao dia, pedindo que Deus o iluminasse para tomar a decisão mais certa. Na verdade, o destino daquela menina, naquele momento da vida, dependia totalmente dele. Em todas as conversas com Deus, a impressão que tinha era de que estava agindo certo.

Jacinto conseguiu, com facilidade maior do que esperava, novos documentos para a menina e, assim, registrou-a como empregada. Em casa, ela passou a ser um ponto de luz em meio à escuridão em que seu lar cada vez mais mergulhava. Amélia, a princípio, era indiferente à sua presença e sua mãe era contra, porque queria mais referências daquela moça desconhecida que acompanharia a filha. A referência foi dada pelo padre, que disse à sogra de Jacinto que a menina era uma prima sua do interior, de boa família, mas que queria estudar e, por isso, precisava ir a Porto Alegre. Nada mais.

A sogra não aceitou a história de bom grado, mas é bom sempre lembrar que no começo de década de 1980, embora tão próxima no tempo, não tínhamos a velocidade de informações que temos agora. Então, conseguir referências mais exatas e profundas dependia de um esforço maior, e esforços verdadeiros não faziam parte da rotina de dona Neném. Até chegou a pressionar o marido sobre o assunto, mas este estava bem mais preocupado com suas ações judiciais e conta bancária do que com a acompanhante da filha doente.

A sogra continuou pressionando o genro, porém os dias passaram e Jacinto foi firme, talvez pela primeira vez, em relação à sua decisão. Assim Lívia ficou, e o primeiro ano passou. No ano seguinte, ela voltou aos estudos. Foi difícil explicar por que não tinha um currículo escolar, mas o padre conseguiu contornar algumas exigências delicadas e, depois de fazer alguns exames, voltou para o ano escolar que havia perdido.

Uma repetição de dias iguais deu à Lívia uma sensação de que tudo estava bem. Ela voltara a estudar e pensava no futuro novamente. Embora a saudade da mãe, sabia que não podia voltar mais a vê-la, ao menos por um longo tempo. Um tempo que levasse as pessoas a esquecerem. Um tempo que produzisse outros fatos, criasse outros interesses para sepultar as memórias do que havia acontecido com ela. Mas o que cada vez mais ela aprendia era que o tempo traz novos fatos e oculta outros e, no entanto, os novos não são necessariamente bons.

No segundo ano morando na nova casa, ela percebeu que Amélia dependia dela para viver, porque era realmente seu braço direito, sua muleta, seu escudo. Dona Neném encontrou novas amigas, novas situações triviais onde era mais importante do que para a filha, e não incomodava mais como antes. Lívia percebeu que também Jacinto dependia dela para viver, porque ela cuidava da esposa e assim ele ficava mais tranquilo. Ele tinha por ela um grande carinho e acabavam ficando mais tempo juntos do que Jacinto ficava com a esposa. Quase tudo os aproximava. Então, ela percebeu o novo fato que o tempo havia trazido em sua vida, encobrindo outros antigos: ela também não podia mais viver sem Jacinto, e não era difícil perceber que não era somente por seus cuidados com Amélia que ele não podia mais viver sem ela.

Estavam no ano de 1986. Ela tinha dezoito anos e acabara de entrar na faculdade de administração da UFRGS. Jacinto estava com trinta e dois anos e acabara de romper com o sogro, depois de uma grave discussão devido a uma causa vencida por ele, mas que quase nenhum dinheiro lhe coube como pagamento. O sogro ficara com a maior parte. A briga fora tão feia, que o sogro fechou o escritório da Restinga. Mais do que nunca, Jacinto estava decidido a mudar de vida, começando por ir embora da cidade, de preferência para bem longe.

Apesar de tudo, Jacinto amava a esposa, porém, não era imune à beleza e ao carinho de Lívia. Então, quando parecia que o tempo havia trazido um período de paz às suas vidas, uma nova era de loucuras começou.

Capítulo 19

O dia amanhecia com um pouco de chuva em Roma e aquele mês de fevereiro de 2012 estava muito frio para um carioca. Jaime era catarinense, mas morava há tanto tempo no Rio que não lembrava mais o que era sentir frio. Havia se hospedado próximo à *piazza di Spagna*, não muito distante da *via Tagliamento*, 10. Logo que chegou descobriu que o endereço estava incompleto, porque o número era de um edifício de pequenos apartamentos comuns na cidade, mas não citava qual apartamento. Um edifício de cinco andares de paredes ocres e desbotadas, como milhares na cidade. Havia uma porta de entrada e um painel com interfones dos apartamentos, sem porteiro, obviamente. Na verdade, ele poderia ter descoberto isso antes de viajar, ou ter pedido apoio da polícia local, mas o que estava fazendo era remexer no passado, em uma operação na qual fora condenado; por isso, queria que a menor quantidade de pessoas soubesse que estava lá, e por qual motivo. Então, não usou nenhum recurso que lhe caberia como um policial federal, e fez o caminho do cidadão comum. Tinha contatos pessoais em Roma e, assim, conseguiu um detetive para ajudá-lo.

– Preciso de dois dias – disse Peruzzo, o detetive. Era um senhor baixo e um tanto gordo, vestido com um terno marrom já um pouco desbotado e gravata desalinhada, quase totalmente calvo, com cabelos pretos somente nas laterais da cabeça e um óculos de aros grossos que pareciam pesar em seu rosto redondo.

Jaime o avaliou como um policial faria e entendeu que jamais alguém acreditaria que ele era um detetive, e bem recomendado, o que era bom. Mais parecia um funcionário cansado do cargo de alguma repartição pública, acostumado a lidar com números e burocracias. Tinha até um pouco de dificuldade com o inglês, mas sabia falar um pouco o português. Havia morado em Lisboa por alguns meses. Então, falava com Jaime em três idiomas ao mesmo tempo. Em algum deles encontrava a palavra para se fazer entender.

Como tinha que esperar, Jaime tentou aproveitar um pouco da Cidade Eterna. Logo descobriu que ela era linda demais para se estar sozinho, e uma saudade ainda maior de Lúcia rasgou em seu peito. Apanhou-se chorando discretamente, encostado numa murada na beira do Tigre, muito próximo ao Vaticano, lembrando a esposa e como ela ficaria feliz em estar ali com ele. Quanta saudade! Por que a vida lhe preparara aquele destino triste? As lágrimas discretas se transformaram em um pranto contido. Com a cabeça entre as mãos, pela primeira vez teve vontade de perguntar a Deus o porquê da sua dor e do seu destino. Sempre deixara Deus fora da sua vida. Embora não acreditasse na ideia de espíritos e espiritualidade, acreditava em Deus, mas sempre pensou que Ele tinha mais o que fazer do que se preocupar com seus problemas, por maiores que fossem. O que realmente o perturbava era a suposta ineficiência da oração, da ligação com Deus. Seu destino teria sido diferente se pedisse ajuda a Deus? Lúcia poderia ainda estar com ele? Não, tinha certeza de que não. A vida não muda seu curso por causa de um pedido a Deus, pensou Jaime, e era uma fraqueza humana acreditar diferente. Respirou fundo e secou os olhos. Não podia se deixar abater agora.

Imagino que os bons espíritos que tentaram ajudá-lo naquele momento de introspecção, talvez até Lúcia, se sentiram frustrados. Estiveram perto de conseguir abrir uma brechinha na rocha de suas convicções, mas ele reagiu e saiu caminhando, a esmo, pela beira da amurada do rio. Era final da tarde. O dia anterior havia passado postado na frente do número 10 da via Tagliamento, na esperança de ver alguém conhecido entrar ou sair. Só descobriu que pouquíssimas pessoas entravam ou saíam daquele prédio e sentiu que seria uma perda de tempo ficar ali. Durante o dia tinha ficado à disposição do detetive e conversaram longamente, e agora, com a noite chegando mais cedo do que ele estava acostumado, decidiu caminhar. Caminhar para esquecer. Porém, o frio de sete graus daquele fevereiro da Cidade Eterna não permitiu que fosse longe. Um vento gelado corria pelo canal do rio e ele foi obrigado a voltar para o hotel. Havia combinado com Vítor, o amigo brasileiro que lhe indicara o detetive, de jantarem juntos no Monti para poderem se divertir um pouco. Vitor era amigo dos tempos de faculdade e trabalhava na embaixada brasileira. Nos seu quarenta e oito anos, a mesma idade de Jaime, era um solteirão convicto, e, por isso, queria agitar a vida do amigo. Este, por sua vez, não estava nem um pouco a fim de agitação, mas aceitara o convite, no início mais para não ser deselegante, mas agora pensando em não cair no buraco da tristeza. Já que teria que esperar uns dias pela ação do detetive, achava até uma boa ideia ter companhia.

O bairro Monti, bem no meio de Roma, passara um longo tempo na obscuridade, embora nunca tenha perdido seu charme, apesar de ser difícil encontrar algum lugar em Roma que não tenha seu charme. Ressurgira muito recentemente, após o diretor Woody Allen ter rodado muitas cenas do filme *Para Roma com amor*, no bairro. Agora, os turistas estavam de volta e as noites eram agitadas, com ruas cheias, restaurantes repletos, bares barulhentos.

Jaime encontrou Vitor na trattoria Monti e ficou impressionado com a qualidade da cozinha. Exagerou um pouco no vinho, numa tentativa de afogar um tanto da tristeza que se lhe instalara na alma durante a tarde, e aceitou fácil o convite do amigo para passearem pelas ruas do bairro após o jantar. Estava mais frio, mas o vento havia parado, e as ruas estavam agitadas. Entraram num bar e Jaime continuou bebendo.

– Não se preocupe – falou Vitor –, eu o coloco num táxi e digo qual o hotel. Ou mesmo vou junto, se for preciso; por isso, aproveite porque a noite está ótima e as italianas são lindas. Veja aquela mesa, veja se não são duas deusas. Mesmo a mais velha é linda; a mais jovem então, meu Deus! Até eu casaria.

Jaime não se interessou em olhar. Ainda se sentia traindo Lúcia, mesmo tanto tempo depois da sua morte. Muitas pessoas lhe falavam que precisava conhecer uma nova mulher, se apaixonar, mas ele cravara uma pedra no peito, ocupando todos os espaços.

– Ei! – chamou Vitor, segurando seu braço, enquanto enchia sua taça de vinho – eu vou lá... elas ainda não olharam para o nosso lado, mas eu vou lá...

Jaime sorriu e concordou, enquanto Vitor levantava. Quando olhou na direção da mesa que ele havia apontado, o corpo do amigo a caminho não deixava ver as mulheres. Mudou de posição em sua cadeira e ficou olhando para o restante do bar, que estava cheio. Estava cheio de alegria, despreocupação, paixão e risos, coisas que há tanto tempo não faziam mais parte da sua vida. Estranhou estar ali. O que estava fazendo ali? Não fazia parte daquele mundo. O amigo era um solteirão e estava no seu ambiente, com duas mulheres desconhecidas para conquistar. Talvez quisesse que ele se encarregasse de uma delas. Seria horrível! Levantou e decidiu ir embora, antes que isso acontecesse, mas percebeu que todo o bar balançou aos seus pés. Quantas taças mesmo tinha tomado? Havia pessoas em pé entre ele e a mesa onde fora o amigo, por isso, não conseguiu chamá-lo. Mesmo com o bar girando, resolveu ir até ele e se despedir; afinal, não queria ser um peso morto e estragar sua noite. Abriu caminho e chegou até o amigo pelas costas, no exato momento em que as duas mulheres, na mesa pequena do bar barulhento, aproximavam o ouvido, curiosas para escutar alguma coisa que Vitor falava.

Quando Jaime colocou a mão no ombro do amigo, este se levantou ao vê-lo. Mas não foi só ele quem levantou. Tão logo o viram, Vera e Lívia também levantaram, com os olhos esbugalhados de incredulidade.

Capítulo 20

Talvez alguns leitores possam argumentar que isso é incrível demais. Que a possibilidade de Jaime encontrar Lívia e Vera num bar de uma cidade tão distante e grande quanto Roma só pode ser coisa de romance. Mas, aqui do outro lado da vida, agora, e com alguns poucos conhecimentos que adquiri, ou relembrei, posso apontar mais um elemento, muitas vezes esquecido, até mesmo no meio espírita: o da presença de irmãos nos conduzindo, em tantas situações. Não tenho nenhuma dúvida de que este encontro entre meu pai, Lívia e Vera tenha sido motivado por induções intuitivas, que todos nós recebemos. Tanto a pergunta 459 de *O livro dos espíritos* quanto a sua resposta são claras, como toda a obra, obviamente. Para estes leitores dados à incredulidade da interferência espiritual nos aparentes acasos da vida, sempre é bom relembrá-la:

> 459. Influem os Espíritos em nossos pensamentos e em nossos atos?
> Resposta: – Muito mais do que imaginais. Influem a tal ponto, que, de ordinário, são eles que vos dirigem.[3]

O bar continuava a rodar aos olhos de Jaime e ele demorou mais do que elas a registrar o que estava acontecendo. Por instantes chegou a pensar que estava tendo uma alucinação. Primeiro, fechou e apertou os olhos; depois, colocou as mãos na frente do rosto e, quando voltou a olhar, elas ainda estavam ali. Vera e Lívia estavam ali.

– Este é o meu amigo Jaime – falou Vitor, em italiano, um tanto surpreso pela situação, mas sem saber o que estava acontecendo.

– Jaime! Meu querido Jaime! Finalmente resolveu sair da toca e aproveitar um pouco a vida! – falou Vera, tentando conferir naturalidade às palavras.

– Você o conhece? Ei! Você fala português? É brasileira? – perguntou Vitor, ainda mais confuso.

Jaime não deu tempo para respostas. Também estava confuso, mas, principalmente, estava se sentindo mal por ter bebido tanto. Saiu do bar um pouco cambaleando, sem dar mais explicações, e foi para a rua. As duas mulheres e Vitor ficaram sem saber o que falar, diante do inusitado. Também sem falar nada, Lívia foi atrás de Jaime. Quando saiu na rua o viu já indo longe e a passos largos, subindo pela rua e logo virando à direita, entrando na *Via di Santa Maria Maggiori*. Lívia apertou o passo até ficar a uma distância fácil de segui-lo e o acompanhou. Jaime não foi tão longe. A rua terminava na fachada posterior da basílica de *Santa Maria Maggiori* e ele subiu os degraus da escadaria, parando quase no alto e sentando. Lívia parou na

[3] Publicado pela FEB, em tradução de Guillon Ribeiro.

esquina da *piazza dell'Esquilino*, bastante próxima de onde ele estava, e ficou observando.

Jaime estava sentando com a cabeça entre as mãos, tanto pela visão que acabara de ter, quanto pelo seu estado. Ficou ali cerca de cinco minutos, mas logo percebeu que algumas figuras estranhas circulavam pelo lugar e era tarde da noite. Levantou e começou a descer a escadaria. Pensava em procurar um táxi e ir embora, mas, quando estava no meio da escadaria, viu que Lívia o esperava.

– Tem trazido muitos turistas a Roma? – perguntou, ainda com a língua um pouco enrolada.

Lívia havia sumido antes mesmo da operação Omulu ser deflagrada e não fora presa num primeiro momento. Somente um ano depois, quando todo o quadro já estava modificado, ela se apresentou e logo se desvencilhou da Justiça por meio de um *habeas corpus*. Jaime tentou descobrir onde estava, mas não conseguiu. A repercussão de que a operação era um engodo, um erro de estratégia da polícia, acusando pessoas inocentes, logo fez com que voltasse às suas atividades normais. Quando se aproximou dela, antes de deflagrar a operação, e acabou tendo um rápido caso, o que foi muito usado contra ele posteriormente, foi uma tentativa de tentar salvar um amor do passado. Tentava encontrar alguma brecha que a salvasse de ser presa, mas a proposta que fez foi uma troca, o que era sensato diante do seu cargo de delegado: ela entregava o que sabia e teria uma atenção especial da Justiça, o que lhe parecia um benefício, diante das circunstâncias. Jaime foi honesto, mas Lívia já sabia o que aconteceria com ela. O encontro dos dois, no entanto, num momento em que Jaime tinha profundas dúvidas quanto ao envolvimento de Lúcia e Jorge, atiçadas pelas antigas acusações e insinuações de Vera, acabou derivando para a atração. Já haviam se apaixonado e Lívia, mais do que Jaime, não esquecera. Acabou acontecendo. Encontraram-se poucas vezes e Jaime sentiu-se muito mal por trair Lúcia, a ponto de confessar a esta o que ocorrera. Mais tarde, no longo silêncio da solidão emocional a que se entregara, após a morte da esposa, entendeu que confessara a ela seu envolvimento com Lívia pensando que ela iria também confessar que tivera um relacionamento com Jorge. Porém, Lúcia se sentiu tão ofendida e refutou com tanta veemência a insinuação, que se sentiu um grande idiota.

Quando o resultado da operação Omulu se voltou contra ele, a situação do relacionamento entre Jaime e Lúcia estava muito ruim. O que eu ouvira, escondido na varanda, ao lado da porta do escritório, era apenas a ponta de um *iceberg* de mágoas e suspeitas. Lúcia ainda tinha muita dificuldade em perdoar o marido e, cada vez que este se ausentava um pouco mais de tempo, um furacão de dúvidas arrasava o coração da esposa. Foram tempos difíceis, por vários motivos. Vera e Jorge tornaram-se inimigos de Jaime, não só pela operação, mas por ele não ter tentando salvar a pele da família. O próprio Jaime sabia que eles estavam apenas se aproveitando do argumento, que usavam isso como escudo, mas pegaram pesado nas acusações. Vera o destratou na minha frente e fez acusações pesadas a Lúcia, mais uma vez dizendo que tinha certeza do seu caso com Jorge.

Na noite em que Lúcia não voltou para casa e ligou muito tarde para Jaime, eles haviam discutido um pouco antes de ela ir dar aula. Lúcia contara para Jaime que Jorge queria conversar com ela, mas não falou qual era o assunto. Jaime ficou indignado e, numa explosão de ciúmes, a proibiu de se encontrar com o irmão. Dentro daquele contexto, foi muito pior. Naquela mesma noite, Jorge a apanhou na saída da aula para conversarem. Quando ela ligou para Jaime, estava indignada com ele. Não falou o que Jorge havia contado, mas que era uma coisa terrível. Falou que tinham que conversar com calma, mas que não iria dormir em casa. Disse que Jorge a estava levando para a casa dos pais e desligou. Vê-la pela manhã no carro de Jorge foi uma surpresa dolorosa. Saber depois de onde eles tinham saído foi cair num abismo interminável. Durante tudo isso, Lívia havia desaparecido.

– Você não está bem para ficar sozinho – falou Lívia, olhando também para um grupo de três homens parados ao lado da escadaria. – Melhor eu ajudar você. Vamos procurar um táxi.

Lívia não deu tempo para Jaime responder. Subiu os degraus e segurou-o pelo braço. Mesmo sendo o apoio de uma mulher de compleição delicada, no estado em que ele estava, já ajudou. Lívia levou Jaime até a *via Cavour*, logo à frente, e teve sorte, porque não demorou para passar um táxi. Ela o ajudou a sentar e entrou logo em seguida.

– Sabe o endereço do seu hotel?

– Vá até a *Piazza di Spagna*...

O táxi foi, logo Jaime dormiu e Lívia suspirou profundamente, com um turbilhão de angústias martelando em seu peito. Encostou a cabeça no ombro de Jaime e fechou os olhos, no mesmo instante em que Vera saía do bar, de braços com Vitor, entre muitos risos e alguns tropeços, também já tomados pelos efeitos do vinho.

Atrás do táxi que levava Lívia e Jaime, vinha outro carro, seguindo-os de perto e, na condução deste, ia um coração descompassado.

Capítulo 21

Um raio de sol oscilou no rosto de Jaime, na manhã fria de Roma. Pequenas nuvens aumentavam ou diminuíam o facho de luz que penetrava o quarto, até que ele abriu os olhos e entendeu que já era dia. Logo entendeu também que não era cedo, pois o raio de sol era um reflexo que vinha de outro telhado na frente do hotel. O sol já estava alto. Vinha de um sono tão pesado que demorou um pouco a lembrar onde estava e ainda mais a entender como tinha chegado ao hotel. Como tinha chegado ao hotel? Lívia? Tinha encontrado mesmo Lívia ou era uma alucinação alcoólica? Sua solidão havia rebuscado nos confins da memória um sonho? Não sabia. Sabia que a boca estava seca e a cabeça doía. Levantou e foi até o frigobar apanhar uma água. Abriu, tomou uma garrafa inteira e, quando se voltou para cama, bateu de frente com um par de olhos azuis, ainda mais azuis com a claridade da manhã.

– Então, eu não sonhei...

– Bom-dia! Esqueceu como é ser educado? Posso ter salvo sua vida ontem... poderia ter sido sequestrado pelo bando de Luigi Vampi.[4]

[4] Célebre bandido dos arredores de Roma, da obra *O conde de Monte Cristo*.

– O que aconteceu? Quer dizer... entre nós, aqui...

Lívia apenas sorriu. Ficou um longo tempo olhando para o atabalhoamento de Jaime, como se olhasse um menino perdido e falou, ainda com um sorriso irônico nos lábios:

– Você não se lembra de nada mesmo?

Jaime não teve tempo de responder. O telefone tocou e somente neste momento se deu conta da hora: quase meio-dia. Atendeu ao telefone, mas não entendeu nada do que a recepcionista do hotel falava. Somente depois de algum tempo conseguiu pedir para ela *parlare in inglese*, mas a situação só piorou. Pediu um momento e perguntou para Lívia:

– Você fala italiano, não é?

– Desde criança – falou, e pegou o telefone. Conversou rapidamente com a recepcionista, depois falou para Jaime, devolvendo o aparelho:

– O 'detetive' Peruzzo está lá embaixo para falar com você.

Jaime se apressou em vestir a roupa, mas somente quando estava calçando o sapato é que o raciocínio, ou um resquício de raciocínio, finalmente se reintegrou à sua mente. Olhou um tanto assustado para Lívia e perguntou:

– Ele se apresentou como detetive?

Lívia, ainda sentada na cama, chacoalhou a cabeça e cobriu o rosto com as mãos.

– Assim vou ficar preocupada por saber que você é delegado da polícia federal. O porre foi tão grande assim? Acorda...

– Então, vocês sabiam que eu estava aqui?

– Você acha que esse pessoal vai deixar você sossegado? Acha que pode dar um passo sem que eles saibam? Depois de tudo? Eu só não sabia que você iria aparecer naquele bar ontem. Isso foi mesmo uma surpresa Alguém falhou feio e vai sofrer as consequências. Olha, eu nem poderia falar isso, mas... só não sabem o que você veio fazer, quer dizer, sabem um pouco; afinal, você ficou de bobeira quase um dia inteiro na frente de um dos endereços de correspondência deles. Mas querem mais é saber como você descobriu.

– Endereço de correspondência? Isso ainda existe, com a internet?

– Pare! Não seja tolo! Há documentos que viajam muito mais seguros em envelopes com um selo simples, e você sabe disso. Além do mais, o endereço é um ponto de apoio para viagens...

– Quem é o Leão?

– Ah! É bom saber que ainda raciocina. Mas agora não vou dizer nada. Vai lá e veja o que o Peruzzo descobriu. Quer dizer, vai dispensar ele. Já foi interceptado e recebeu para não descobrir nada, bem mais do que você pagaria para descobrir. Desce enquanto eu me arrumo para almoçarmos.

Enquanto descia para a recepção, Jaime sentiu-se uma verdadeira criança cumprindo as ordens da mãe. Sentiu-se ingênuo. Entendeu que fizera tudo errado. Logo ele! Não sabia mesmo agir como cidadão comum. Entendeu que a viagem fora um desperdício, a não ser pelo fato de descobrir que era um ingênuo e tinha que mudar a maneira de agir.

Depois de confirmar o que Lívia já havia adiantado, ficou quase meia hora sentado na recepção do hotel, matutando. Sim, fizera tudo errado, mas ainda dava tempo de não perder totalmente a viagem. Voltou para o quarto e, quando abriu a porta, uma vez mais se impressionou com a beleza de Lívia, que estava em pé, encostada na janela. Ela estava com quarenta e quatro anos, mas seu jeito de menina nunca desaparecera, sendo quase impossível, para um estranho, precisar sua idade. Tentando não demonstrar qualquer abalo diante de sua beleza, falou:

– Então, minha agente de viagens particular, onde pretende me levar para almoçar? Que seja um lugar aonde os turistas não vão...

Capítulo 22

Meu pai chegou ao Rio em um domingo pela manhã. Estava cansado da viagem e não quis fazer contato com Nunes antes de descansar. Encontrou-o esperando em sua sala, no primeiro horário da segunda. A primeira coisa que Jaime falou foi:

– Tinha um agente disfarçado na saída do meu prédio. Posso saber o que significa isso?

Nunes puxou um papel de dentro de uma pasta preta e colocou na mesa, na frente de Jaime, que o empurrou de novo para Nunes.

– Pensei que você iria perguntar como eu o descobri – continuou Jaime.

– Eu pedi para que ele se mostrasse. Eu queria que soubesse...

A resposta desnorteou um pouco o delegado, que tinha passado boa parte da viagem avaliando sua percepção de detalhes à sua volta, o que era um fator relevante para qualquer policial. Havia entendido que o choque provocado por toda a situação que sofrera, desde o momento em que a operação fracassou, o havia deixado fora de sintonia com sua profissão. Ter descoberto um agente vigiando-o vinha ao encontro de suas decisões de estar mais atento. Logo descobriu que não era bem assim. Desapontado, não quis ver o que tinha no papel. Esticou-se na cadeira e falou:

– Precisamos de uma operação para pegar meu pai.

– A cada dois meses ele se reúne na baixada Fluminense com os cabeças do *videopoker*. É um crime menor, mas um bom gancho. Só que a última foi há dois dias... vai demorar a acontecer a próxima.

– Melhor, assim temos mais tempo pra afinar tudo – falou Jaime, tentando disfarçar a irritação pelo fato de Nunes estar sempre à sua frente.

– É seu pai...

– Ele e Beatriz estão envolvidos e não foram descobertos na operação Omulu. São os únicos que eu posso ir atrás. Uma prova em um crime fará uma devassa e aparecerão outros, e você sabe disso tanto quanto eu. Se quisermos reabrir o processo, é nossa única chance. Mas há um porém: não pode ser eu, oficialmente, no comando.

– Temos que pedir para o Wagner...

– Não – interrompeu Jaime –, nem o Wagner, nem ninguém que esteve envolvido na primeira operação. Acho que até o Wagner pode estar grampeado. Tudo o que eu faço pode estar sendo monitorado; então, eu falarei sobre o assunto somente com você. Entendeu? Somente com você.

– Isso quer dizer que, se alguma informação vazar...

–... será fácil saber onde foi o furo. Quanto menos pessoas souberem, mais fácil descobrirmos os furos. Por isso quero somente agentes novos. Ou melhor, eu quero o Lima de volta.

– Ele tá conseguindo se aposentar por problemas de saúde. Não vai querer voltar.

– Acho que vai. Ele sofreu muito com as acusações. Mas tem que correr tudo na surdina para parecer que fizemos tudo de última hora. Com quantos agentes podemos contar?

– Não sei – falou Nunes, um pouco confuso diante da disposição de Jaime.

Ele gostava de tomar decisões, gostava de agir sozinho, com suas próprias ideias, mas tinha que reconhecer que o delegado estava no caminho certo. Depois de refletir um pouco, falou:

– Bento veio transferido faz pouco e Ávila é meu amigo. Creio que podemos confiar neles.

– Ávila, marido da Tânia?

– Acha que com Lima junto ele pode não aceitar? – estranhou Nunes.

– Você também sabe?

– Alguém não sabe?

– Bem, ele pode não gostar da ideia, mas ainda quem manda nisso sou eu. Marca uma reunião para amanhã na primeira hora.

– Não vai ver o que está escrito neste papel?

– Está escrito que eu posso ser morto na saída do meu prédio... mas você já colocou um agente lá; então, não preciso me preocupar.

Nunes sorriu e pegou o papel de volta. No fundo estava contente por saber que o delegado Jaime estava voltando ao normal. Sabia da sua fama de correção e eficiência. Ficou feliz quando foi designado para trabalhar com ele, porém, a pessoa que encontrou não era o que imaginava. Encontrou um delegado abatido e com pouca iniciativa, mas, agora, era outra pessoa e isso o animava também. Quando estava quase na porta, Jaime o chamou:

– Nunes... obrigado. Amanhã também falaremos sobre o que mais você descobriu no computador da Beatriz.

– E o senhor vai me falar o que descobriu em Roma.

Jaime sorriu. Sabia que não podia falar quase nada do que descobrira em Roma, mas tinha que tomar cuidado para não ofender Nunes, que se mostrava um ótimo policial.

“Nunes puxou um papel de dentro de uma pasta preta e colocou na mesa, na frente de Jaime, que o empurrou de novo para Nunes.”

Capítulo 23

Depois que eu e Cléber passamos no vestibular, tivemos um tempo de relaxamento. Ao menos eu tentei ter, porque Cléber era incansável. Quando não precisou mais estudar para as provas, afundou-se nos livros espíritas e em todas as publicações que achava na internet, um campo vasto, mas onde se encontra matérias nem sempre muito confiáveis, segundo ele mesmo, que já estava bem mais à frente do que eu em conhecimentos sobre espiritualidade. Eu estava mais é com vontade de curtir a paixão, mas Aninha andava na mesma onda do Cléber, começando a se interessar pelo assunto.

– Por que você estuda tanto? – perguntei, em uma noite em que dormiu na minha casa, já perto das duas horas da madrugada. Ele estava pesquisando sobre psicometria,[5] com os livros

[5] Faculdade do médium de entrar em contato com o ambiente psíquico de uma pessoa, objeto ou ambiente, podendo, através deste contato, observar o seu passado.

Memória cósmica e Diversidade dos carismas[6] abertos na frente do computador, além de inúmeras páginas de sites abertas. Cléber era magro e mais alto do que eu. Cabelos pretos desalinhados intencionalmente, pele quase transparente pela falta de sol. Um belo protótipo de *nerd*.

– Para me entender – respondeu, depois de um longo silêncio. Parecia que nem havia ouvido minha pergunta, mas eu já me acostumara com isso. Quando ele estava concentrado, havia sempre um *time*, só dele, para entrar em outra sintonia.

– Como assim?

– Cara, eu já falei pra você... às vezes eu me acho louco. Tenho medo de me levarem um dia em camisa de força... – falou Cléber, agora perfeitamente sintonizado comigo. Havia fechado os livros e ficado de frente para mim.

– Mas eu também vejo espíritos. Sempre vi, embora, ultimamente, só tenha visto a tia Dadá.

– Eu vejo... eu sinto... eu cheiro... eu escuto. Muitas vezes tenho a impressão de que estou nos dois planos ao mesmo tempo. Essa coisa de psicometria é muito louca: uma pessoa pega um objeto e lê as vibrações impregnadas nele. Consegue descrever fatos que aconteceram em torno dele. O Hermínio Miranda descreve coisas espetaculares aqui – falou, colocando a mão direita sobre os livros.

– Vai me dizer que você sente isso também?

– Não. Quer dizer, mais ou menos. Sinto a energia maior ou menor dos objetos, mas não consigo fazer leituras disso. Não de detalhes. Consigo dizer se é uma energia boa ou ruim, só isso. Então, tava estudando pra ver se tem alguma maneira de aprender a ler...

– Relaxa. A gente tem tempo e, além do mais, logo começam as aulas e você vai acabar não descansando.

---

[6] De Hermínio Correa de Miranda. Editora Lachâtre.

– Amanhã, a gente vai à reunião do teu avô.

– Vai? Quem vai?

– Ora, eu, você e Aninha. Tá combinado com ele.

– Podiam ter me falado, né?

– Ué, não quer ir?

– Aninha vai mesmo?

– Claro...

–... Então... bem, mas é melhor meu pai não saber.

Bastou uma reunião para meu avô ficar impressionado. Ele nos explicou muito sobre a necessidade de estudar, de frequentar com assiduidade, de ser disciplinado, mas, como minha própria mãe já falava, disciplina era mais teoria do que prática para ele, que sempre gostou de romper um pouco com as convenções, embora conduzisse as reuniões do Grupo Semear com muita seriedade. Não participamos somente da primeira parte da reunião de estudos sobre mediunidade. Já nos convidou para a segunda, a parte prática, embora tenha enfatizado a necessidade de apenas assistirmos, sem interferir no trabalho. Mas como? Éramos iniciantes. Eu fiquei tranquilo, só ouvindo o que os espíritos que se manifestavam através dos médiuns falavam, mas Cléber não estava legal. Embora eu estivesse curioso sobre os problemas desses espíritos, mesmo que quase todos estivessem apenas com dificuldade de saber que já tinham morrido, não conseguia ficar tranquilo com Cléber um tanto agitado ao meu lado. A partir do meio da reunião, ele começou a respirar mais fundo e com alguma dificuldade. Quando estava no final da reunião, ele falou, para o meu espanto, porque era para ficarmos quietinhos:

– Eu preciso falar.

Meu avô não se alterou. Na verdade, já estava de olho nele há algum tempo. Apenas levantou da sua cadeira, com cuidado para não fazer barulho, e se postou ao lado do Cléber. Nós estávamos sentados em cadeiras encostadas na parede, local para os que não faziam parte efetivamente do grupo. Lembro também as breves discussões da minha mãe com ele sobre esta prática, da qual ela não era muito favorável.

– Estamos aqui para ouvi-lo, meu irmão. Em que podemos ajudá-lo? – falou meu avô.

– A ajuda não é somente para mim. O jovem pelo qual estou me comunicando também precisa dela. Faz-se necessário orientá-lo no uso proveitoso dos dons mediúnicos para que não perca tempo com experiências que nada ajudarão no longo trabalho que tem pela frente. Sou um amigo que tem a responsabilidade de ajudá-lo neste trabalho, do lado de cá; por isso estou autorizado a pedir. A juventude é curiosa, naturalmente, mas nosso irmão, no passado, carregou seu destino com situações que precisam ser reequilibradas. A mediunidade cristã é uma forma segura de conseguir a quitação de muitos débitos que o espírito fez com o equilíbrio da vida. É necessário que estude e trabalhe em prol dos que necessitam e que aprenda a controlar suas capacidades anímicas, direcionando-as para o bem. Os fenômenos à sua volta podem chamar a atenção, como já tem acontecido, e todos sabemos que isso incita a vaidade, que é uma grande pedra no caminho de qualquer ser humano, quanto mais daquele que carrega o dom da mediunidade.

Eu estava impressionado com a maneira com que Cléber falava. Correto, sem gírias, frases inteiras e bem formadas. É claro que não era ele! Meu avô aguardou um pouco depois que ele falou, como se esperasse respeitosamente para ver se o espírito comunicante não falaria mais alguma coisa, e depois disse:

– Sabemos como é grande o compromisso de ajudar um trabalhador do bem, mas nossa casa está à disposição para isso e, de minha parte, farei tudo o que for possível para ampará-lo nesse caminho, mesmo com minhas dificuldades. O irmão tem mais alguma coisa a nos pedir?

– Apenas que continuem sempre no caminho do bem. Que a paz de Jesus esteja em todos os corações.

Por mais que houvesse um ar de solenidade no momento, não me furtei à ideia de gravar o que ele falava. Era sério demais o assunto e, talvez por isso, fiquei com vontade de brincar. Meu avô voltou para a cadeira dele e iniciou a oração de encerramento da reunião. Eu procurei mudar meu pensamento e também me concentrar. Foi rápida a mudança. Tudo aquilo que me cercava naquele momento, por mais que fosse novidade, ao mesmo tempo parecia-me muito familiar. Nada me surpreendia a ponto de me tirar da naturalidade, mesmo porque já vinha estudando e frequentando ambientes espíritas há bastante tempo. Mas o que vi, tão logo me concentrei, afetou meu coração. Não sei bem se vi com os olhos; acho que não. Na verdade, o que aconteceu foi um deslocamento da percepção física para a espiritual. Vi com os olhos da alma. E vi que Lúcia estava na minha frente, usando um vestido amarelo-claro singelo, mas, ao mesmo tempo, levemente luminoso. Ela fez sinal de silêncio com o indicador na frente dos lábios, depois sorriu e colocou as mãos sobre minha cabeça. Uma onda de amor me invadiu por inteiro e não consegui conter as lágrimas de alegria que rolaram por meu rosto. Curiosamente, naquele momento lembrei com nitidez o nosso encontro, logo depois de sua morte física. Lembrei o motivo de tê-la perdoado e meu coração sorriu. A vida material leva embora as sensações absorvidas na vida espiritual, e eu já havia esquecido esta sensação de segurança por estar ao lado de minha mãe e, principalmente, a emoção por tê-la perdoado. A sensação do perdão é uma das emoções mais maravilhosas que um ser humano pode ter, não tenho nenhuma dúvida disso.

Depois que ela aplicou sobre mim as energias de um passe, correu delicadamente os dedos em meu rosto, e eu os senti como se estivéssemos no mesmo plano existencial. Seus olhos também estavam cheios de lágrimas. Ela falou:

– Volte, meu filho, porque está na hora de terminar a reunião. Mas não esqueça nunca o quanto a mamãe o ama. Estarei sempre ao seu lado.

Quando despertei daquele breve momento, entendi que a reunião já havia terminado, mas, como perceberam meu estado, todos haviam permanecido nos seus lugares, até eu despertar. Todos se levantaram, sem falar nada, e foram para a sala ao lado, onde seriam trocadas algumas impressões sobre a reunião.

Os comentários foram breves, já que o grupo estava habituado ao trabalho. Irrequieto estava mesmo Cléber, mas meu avô o conteve, dizendo que conversaria com ele logo em seguida. Aninha me puxou pelo braço e fomos nos sentar num banco de madeira do jardim da casa do avô Duca, e logo minha avó apareceu com uma bandeja cheia de docinhos que ela fazia. Eu estava curioso para ouvir a conversa do meu avô com Cléber, mas o carinho da Aninha e da avó Cida, neste momento, eram bem mais fortes que minha curiosidade. Afinal, eu teria tempo de sobra para conversar com Cléber. Pelo menos era o que eu pensava naquele momento.

“A vaidade é uma grande pedra no caminho de qualquer ser humano, e mais ainda daquele que carrega o dom da mediunidade.”

Capítulo 24

Eu havia percebido que meu pai estava diferente desde que voltara de Roma. Pelo que me disse, a viagem fora a trabalho, mas ele não me dava detalhes de qualquer trabalho, e eu, de minha parte, nunca fui curioso com isso. Já tinha visto tanta frustração da parte dele com o trabalho, que tudo que se referia ao assunto me causava mal-estar. Mas era o trabalho dele e eu precisava saber conviver com isso. Desde a morte de Lúcia, juntamente com seu afastamento do trabalho e posteriores acusações de participação em crimes de lavagem de dinheiro, o que ele mesmo combatia, caíra num estado de apatia, muitas vezes preocupante. Foi preciso um acompanhamento psicológico, mas raramente ele se mostrava disposto, como acontecia agora.

Quando ele entrou em estado de alegria por eu ter passado no vestibular, fiquei surpreso, mais ainda pelo estado ter se mantido. Eu não sabia que ele descobrira pistas para reabrir o processo da operação Omulu, nome que ainda me causava irritação. O que eu sabia é que ele estava ativo novamente, e isso me fazia bem. Cleuza, nosso anjo da guarda em casa, dizia que aquilo era coisa do coração. Ele estava sozinho há muito tempo e eu mesmo, principalmente depois de perceber os efeitos da paixão pela Aninha em minha vida, passei a considerar importante ele ter alguém. Será? Perguntei para ele, mas sabia que não se abriria sobre isso comigo.

Estava animado com uma nova operação, muito, mas muito sigilosa. Um técnico em espionagem havia feito uma varredura no nosso apartamento, especialmente no escritório dele e na linha telefônica. Agora Jaime desconfiava de tudo, e com razão, depois de tantas informações vazadas anteriormente. Desde que chegava em casa se fechava no escritório e trabalhava até tarde. Os únicos que apareciam ali, às vezes tarde da noite, eram Nunes e Lima, que eu não via há bastante tempo. Lima envelhecera. Na verdade, já não era novo antes. Em 2003, quando fora deflagrada a operação Omulu, ele já tinha quarenta e oito anos, mas não demonstrava isso. Agora, em 2012, passados mais nove anos, o tempo mostrou nele seus efeitos. Os cabelos estavam embranquecidos, os olhos tristes, o ar cansado. Mesmo assim, deu-me um abraço afetuoso e se surpreendeu com o fato de eu já ser um 'homem'.

Numa noite houve uma reunião mais demorada. Começou perto das vinte e duas horas e foi até a madrugada, com mais dois policiais que eu não conhecia. Eu lembro bem o dia, porque Aninha passou a noite comigo. Eu queria ter falado com meu pai sobre isso, mas não consegui por causa da reunião. Era a primeira vez que ela passaria a noite comigo. O pai dela era separado da mãe e morava em São Paulo com uma nova esposa; por isso a mãe decidia tudo. Tivemos uma longa conversa durante a tarde, cuidados para não engravidar e responsabilidade. Eu estava num clima de comprometimento muito grande com o fato e não queria deixar meu pai fora disso, mas fiquei um tanto frustrado por não conseguir falar com ele. E não pude no dia seguinte. Ele me avisou, no meio da tarde, que passaria a noite na delegacia, comandando uma operação.

Estávamos numa terça-feira e eu queria combinar com ele a comemoração do meu aniversário, que seria na sexta-feira, dia 27 de abril. Ele nunca esquecia, porém, nos últimos anos, sempre faltava quantidade suficiente de alegria para comemorarmos alguma coisa. A gente reunia algumas pessoas em algum restaurante, ou o avô Duca fazia com que eu levasse alguns amigos para a beira da piscina. Mas este ano havia mais motivos para estarmos alegres, pelo que tudo indicava; então, eu queria fazer uma festa. Já havia reservado o salão de festas do prédio e queria trazer uma galera da faculdade. Sabia que ele acharia bom, mas não foi possível combinarmos detalhes.

As aulas já haviam começado e uma nova rotina já se instalara nos nossos dias. Na verdade, apesar de eu não conseguir conversar com ele sobre a Aninha nem sobre a festa do meu aniversário, e talvez até por isso mesmo, parecia que a vida, finalmente, estava realmente voltando ao normal.

Foi quando aconteceu.

Na quarta-feira, ele passou a noite na delegacia e, quando acordei de manhã e tomava meu café, antes de ir para a escola, o noticiário da TV já estava mostrando tudo. Fiquei alarmado porque tinha dois policiais mortos, mas logo mostraram meu pai se recusando a dar entrevistas e me acalmei. O que diziam é que a polícia entrara em choque com uma facção criminosa na baixada Fluminense e dois policiais foram mortos na operação. Além disso, muito alarido e especulação. Liguei para meu pai e ele atendeu, mas estava agitado demais para falar comigo. Só falou para eu não me preocupar porque estava tudo bem.

Ainda um pouco nervoso, fui para a escola. Saí com meu carro e passei na frente do prédio do Cléber, que já me esperava na calçada:

– Qualé? Ficou com a Aninha de novo? Pensei até que ela vinha com você. Olha a hora, cara!

– Você não viu o que tá rolando na TV? Os federais mortos?

– Algum problema com teu pai?

– Ele tá bem, mas foram homens dele que morreram.

– Então, ele não tá bem...

O trânsito, como sempre, estava intenso e era certo que chegaríamos atrasados. Foi só quando o movimento diminui um pouco e consegui andar mais rápido que lembrei, freando e já procurando um lugar para manobrar.

– Tá maluco, cara. O que aconteceu? – assustou-se Cléber.

– Com esse rolo todo me esqueci de pegar o trabalho de química.

– Putz... vamos atrasar um monte... mas tem que voltar, vale nota.

O trânsito para voltar também estava lento e eu agora, além de nervoso, estava irritado. Deixei o carro na frente do prédio e voei. O porteiro não estava no posto quando passei e fiquei irado por ter que procurar a chave de entrada do prédio. Os dois elevadores estavam nos últimos andares; preferi subir pelas escadas até o terceiro andar, seria mais rápido. Quando abri a porta, Cleuza levou um susto e deixou cair um copo com água que levava na mão, mas, mesmo assim, eu não consegui avaliar o tamanho deste susto. Ela vinha só duas vezes na semana e não era dia dela estar em casa, mas, com a pressa, nem cheguei a me ligar nisso.

Eu havia deixado o trabalho no escritório do meu pai, porque usara a impressora dele depois que a minha do quarto ficou sem tinta. A porta do escritório estava aberta e eu entrei na mesma velocidade com que subi da rua. Estava tão preocupado com o tempo, que posso dizer que demorei algumas frações de segundos a mais para entender que eu não estava sozinho no escritório. Dois homens estavam comigo. Um deles estava na cadeira de trabalho do meu pai, com a mão no mouse do computador e usava uma balaclava preta, que só deixava os olhos descobertos e que acabara de puxar para baixo, cobrindo o rosto às pressas. O outro estava em pé atrás dele, mas arcado para frente para ver o que estava aberto no monitor e com o rosto desprotegido. Não era possível o que eu estava vendo. Aqueles dois homens não podiam estar ali. Um deles, principalmente, era impossível estar ali. Impossível estar ali.

Capítulo 25

O tempo parou. Eu já havia visto em filmes as cenas estáticas, com pessoas como se fossem estátuas e uma gota d'água parada no meio da queda e sem som algum. Foi assim que senti aquele momento. Depois os movimentos foram voltando muito lentamente, mas ainda não havia som. Apanhei o trabalho de química que estava no canto da escrivaninha e virei para sair. A tensão era imensa, embora tudo tivesse acontecido tão rapidamente. O que eu fazia era puramente intuitivo. Todos os meus sensores me diziam: fuja. Então, fugi, mas somente eu me movimentava naquele ambiente. Cleuza e os dois homens estavam estáticos. Parecia que o tempo voltava a funcionar apenas para mim, embora eu tivesse a sensação de que me movia em câmera lenta, e mergulhado em total silêncio. Não, o silêncio não era total, porque eu conseguia ouvir meu coração. Não sei como consegui chegar até a porta. Não sei como consegui chegar até o carro. Somente quando Cléber falou comigo, tudo se encaixou novamente na sua dinâmica de tempo, sons e movimentos. Tive a sensação de uma explosão de sentidos e foi fácil para Cléber perceber que eu não estava bem. Ele perguntou alguma coisa, mas eu ainda não tinha capacidade de registrar tudo coerentemente, por isso só respondi:

– Temos que sair daqui.

Cléber não fez perguntas. Somente quando parei o carro no estacionamento da universidade ele falou alguma coisa:

– Posso ajudar?

– Vamos para a aula... depois...

Somente consegui entregar o trabalho ao professor e avisei que não poderia ficar. Rapidamente avisei ao Cléber que precisava procurar meu pai, mas que à noite conversaríamos. Aninha saiu comigo da sala e também ficou aflita com meu estado. Realmente eu deveria estar estranho. Dei um longo abraço nela e pedi paciência. Prometi que passaria em sua casa depois que encontrasse meu pai.

Quando cheguei à superintendência, descobri que ele não estava. A mente perde o fio condutor do raciocínio em situações de estresse, e foi o que aconteceu comigo. Não liguei antes. Bastava pegar o celular e ligar, mas eu não fiz isso. Agora, na rua em frente à superintendência, o celular dele não atendia. A secretária me falou que ele tinha ido ao IML por causa dos policiais mortos, e até pensei em ir atrás, mas resolvi esperar. Era mais fácil encontrá-lo ali quando voltasse.

Caminhei um pouco até a praça Mauá, bem próxima dali, e sentei num degrau do monumento aos marinheiros. De repente vi que Cleuza, nossa empregada, estava parada quase na minha frente. Surgiu ali como se fosse um espírito materializado e fiquei assustado. Fiz um movimento para levantar, mas ela pediu, apressada:

– Henrique, por favor, espere... me ouça antes de fazer qualquer coisa.

– Quem tem que me ouvir é meu pai, Cleuza. Lamento...

– Se você me der apenas uma chance de explicar...

– O que você quer explicar? Se não tivesse vindo atrás de mim talvez pudesse dizer que foi enganada e deixou eles entrarem, mas, se veio até aqui...

– Foram eles que pediram para eu vir. Eles sabiam que nenhum dinheiro poderia me comprar, então me ameaçaram com um bem maior, muito mais precioso. Eles colocaram um celular no meu ouvido e Cadu falou comigo. Estava amarrado e com uma arma na cabeça. Meu Deus, Henrique, é meu único filho, o que eu podia fazer? Levei-os até lá...

– Você sabe quem são aqueles homens?

– Um deles eu não sei quem é, o outro eu sei, mas não posso dizer, meu filho. Se eu disser qualquer coisa que não seja o que pediram...

Cleuza já terminou de falar com a voz embargada pelo choro. Sentou no degrau ao meu lado e chorou por um bom tempo, até que a abracei e pedi calma.

– Qual dos dois você não sabe quem é?

– O que estava com a cabeça descoberta... mas não me peça pra dizer quem é o outro, por favor.

– Não vou pedir, Cleuza. Não é assunto para eu resolver.

– Nem teu pai, por favor, Henrique. Meu filho pode morrer, não entende? Estou nas mãos deles. Foi por isso que pediram para eu vir. Eles só querem dois dias de tempo; depois libertam o Cadu e você pode avisar seu pai. Por favor, meu filho, por favor...

– Dois dias? Por que dois dias?

– Como posso saber? Ficaram agitados depois que você saiu. Deu pra ver que tomaram decisões apressadas. Um deles queria dar ordem para matarem você. Fiquei desesperada. O outro discutiu...

– Quem queria que me matassem?

– O homem que eu não conheço. Foi ele que pediu. Queria ligar e dar uma ordem. Entendi que já tinha gente seguindo você.

Henrique ficou em silêncio. Algo de desumano arranhou por dentro do peito. Algo que invertia a ordem natural da ética sobre a qual caminhara até aquele dia. Então, ele queria mandar matá-lo. Ele, Jorge Brandão, seu tio, irmão do seu pai, morto, mas que não estava morto, queria matá-lo. Seu tio não estava morto, embora tenha tido um velório e um enterro. Como conseguiu?

– Prometa, meu filho, que vai esperar. Estou lhe implorando.

– E como eles vão saber se vou cumprir o que querem?

– Não sei. Como posso saber? Mas falaram que, se desconfiarem que você falou, Cadu morre na hora. Eu estou com muito medo.

Mais uma vez o choro não deixou que ela continuasse falando. Dois dias! O que poderiam pretender pedindo dois dias? Quem poderia ser o outro homem? Havia algo de familiar naquele olhar, mas ver seus olhos não fora o suficiente para identificá-lo. Queriam tempo para fugir, sem serem identificados? Provavelmente. Sim, o mais provável era isso. Meu tio deveria estar morando fora do Brasil desde que 'morrera', vivendo do montante que conseguiu desviar do dinheiro público. O sogro e Vera, a esposa, moravam em Roma e ele deveria estar por lá também. Era o que tinha mais a perder com a exposição, por ser procurador da República. Então, morrer era uma grande saída. Se fosse para fora novamente agora, estaria mais uma vez livre.

Henrique levantou e estendeu a mão para Cleuza, depois falou:

– Vamos, Cleuza. Se não você vai atrasar o almoço.

Capítulo 26

Lívia e Jaime haviam conversado muito em Roma. Depois de terem almoçado naquele dia, passearam a pé pela cidade por um tempo, depois acabaram subindo à villa Borghese, que não era distante do hotel de Jaime. O sol se mantivera, ao contrário dos outros dias; por isso eles escolheram um banco onde não tivesse nenhuma sombra de árvore e aqueceram um pouco suas frias tristezas com a vida, numa longa conversa. Desde o início Lívia deixou claro que não poderia entregar ninguém, nem contar nenhum segredo, porque estaria colocando em risco a própria vida.

– Por que você estava com Vera?

– Ela iria me dar uma remessa de dinheiro para levar para o Camelo.

– Quem é o Camelo?

–...

– Quem é o Leão?

–...

– Tá bem, não vou insistir.

– Não pense que eu faço isso porque quero.

– Como assim? É uma bandida honesta? Foi obrigada a entrar para o crime?

– Como diria padre Godoy, da missa você não sabe nem a metade...

– Padre Godoy? Quem é padre Godoy?

– Não disse que você não sabe nada? Você nunca investigou meu passado, não é?

– Investiguei, quer dizer, todos os envolvidos foram investigados, mas não havia nada relevante sobre você. Nasceu em Bento Gonçalves, seu pai era pedreiro e sua mãe dona de casa. Mudou para Porto Alegre na juventude para estudar e fez faculdade de administração na Universidade Federal do Rio Grande do Sul. Trabalhou na casa de um casal... não lembro o nome...

– Jacinto Dorval de Lima e Amélia Figueiredo de Lima.

– Isso mesmo. Mudou para Florianópolis depois de terminar a faculdade. Em Florianópolis conheceu um jovem advogado, que se apaixonou desesperadamente por você, mas...

– O que mais você encontrou no meu histórico?

– Nada suspeito, a não ser que você tem um histórico quase apagado. Na verdade, você quase nem existe, mas isso não é incomum para quem entra para o mundo do crime.

– Eu não queria entrar. Quando vi, já estava dentro. Mas tenho que confessar, o dinheiro vinha tão fácil, e eu já tinha levado tanta lambada da vida. Jaime, meu querido, eu amei muito você um dia para mentir agora. Veja bem, estamos aqui, neste momento, porque acreditam que estou enganando você. Acreditam que posso colher informações de você. Saber como conseguiu as pistas para vir até Roma. Estou deixando que pensem assim para podermos ficar um pouco em paz. Mas saiba, não demos nenhum passo sem que estivessem nos vigiando. Eles sempre vigiaram você. Na verdade, eles escolheram você.

– Como assim?

– Desde que você foi chamado para ser delegado no Rio, já foi por influência deles. Por já ser conhecido de Vera, era uma pessoa mais fácil de ser investigada e conduzida. Pensa um pouco: os delegados recém-aprovados vão para a delegacia mais perto de onde o diabo perdeu as botas, mas você foi logo chamado para o Rio de Janeiro.

Aquilo foi um choque para meu pai. Tanto saber o motivo, quanto as motivações. Respirou fundo e tentou se acalmar.

– Estão ouvindo o que estamos falando? – perguntou.

– Não. Não porque termos nos encontrado ontem foi mesmo uma surpresa. Então, não deu tempo de preparar nada. Aquele bar onde estávamos ontem é da organização. Era o principal ponto de encontro aqui em Roma e onde ficava o cofre, com documentos e dinheiro. Um lugar que não levantava suspeitas. Como você apareceu lá, o endereço vai mudar. A organização é imensa. Quando eu entrei e ganhei dinheiro fácil, achava que poderia sair a qualquer momento. Não tinha ideia de onde havíamos entrado...

– Havíamos? Você e Jorge?

– Ah! Você acha que se eu e o Jorge tivéssemos tido mesmo um caso eu poderia estar com Vera ontem? Não a conhece?

– Então, quem é ele?

– A organização é imensa – continuou Lívia, ignorando intencionalmente a pergunta de Jaime. – Não trabalha só com medicamentos, obviamente, embora seja um dos ramos mais fortes. Desde a construção civil, armamentos, alimentos, máquinas, tudo o que um governo precisa licitar e comprar faz parte dos interesses dela. De repente você descobre que é uma peça muito pequena e que pode ser descartada a qualquer momento e não vai fazer falta. Então, você descobre que, para não ser jogada no lixo, ou numa vala comum, ou aparecer boiando num rio, ou no fundo de um penhasco, precisa continuar sendo útil. Por isso ainda estou lá. Faço pouco, mas faço bem feito. Levo turistas pelo mundo e levo dinheiro para os membros. Só isso, mas me deixam viver.

– Então, nunca vai conseguir sair?

– Creio que não.

– E é para eu ter pena?

– O caso rápido que tivemos durante a operação Omulu – ela parou de falar e sorriu; depois continuou – cada nome que vocês dão para as operações! Bem, o que aconteceu entre nós mostra o que ainda sinto por você, mas não quero que tenha pena. Nunca vou querer isso.

– Você teve um caso comigo devido ao que sente, ou porque a organização pediu para que você fizesse isso?

– Você não tem a mínima ideia do que aconteceu comigo depois que nos envolvemos de novo. Eu tive muitos problemas por ter tido um caso com você, ainda tenho... ele... ele também faz parte...

– Não era difícil imaginar isso. Então, ele é ciumento?

Lívia apenas sorriu, novamente, mas agora um sorriso irônico, com um ar jocoso, intrigante. Ficou pensativa por algum tempo, depois falou:

– Eu já o amei um dia. Foram tempos complicados, em que era fácil eu me apaixonar por quem me desse um pouco de carinho. Mesmo assim, o amei. Era casado, mas a esposa era realmente doente. Ela suicidou-se e ele achou que viveríamos juntos, mas eu não queria mais. Ele nunca aceitou isso.

– E agora?

– Gostaria de poder ajudá-lo, mas sei o quanto é difícil.

– É o Jacinto? O homem para quem você trabalhou?

Lívia não respondeu, nem sorriu, nem teve nenhuma reação perceptível, apenas continuou com o assunto:

– Eu queria que você desistisse. Não tente mais nada. Entenda que eles são muito mais fortes que você. Entenda que eles podem destruir você e tudo que o cerca quando bem quiserem. É assim que conseguem se manter por cima, ganhando milhões e milhões de dólares a cada ano. Não tem como saber quantas pessoas dançam com a música que tocam, entende? Você pode pedir ajuda à Interpol, e daí? Como vai saber quem lá dentro é comprado? Se fora do Brasil já é assim, imagina lá dentro, com os salários que pagam aos policiais e com a sede de dinheiro dos políticos?! Eles bancam campanhas e têm muita gente nas mãos. Com a possibilidade de desvios de verba que a própria situação política permite por ser complexa, burocrática, e a população manipulada pela mídia, o Brasil se torna um alvo fácil. Por favor, desista.

– Não sou pago para desistir.

– Mas é o que querem. Querem que você não desista, porque você já é conhecido. Já foi estudado tudo sobre você. Os pontos fracos, os fortes, e como desarmar você, sempre. Poderiam ter tentado comprar você, mas acharam melhor tê-lo como inimigo, porque sempre vai haver um inimigo. Sempre fizeram o possível para manter você no cargo, ao invés de ter que começar tudo de novo se outro o substituísse. Tudo ao seu redor já está perfeitamente marcado e eles sabem o que você sabe.

– Então, eles me acham fraco? Que bom saber disso!

– Se você soubesse quem eles manipulam, não ia pensar assim. Eles acham que todos são fracos.

– Me dá ao menos um nome... Um nome do terceiro escalão. Um fio por onde eu possa começar a desenrolar o novelo.

– Se eu fizer isso posso morrer e, pior, você pode morrer, ou mais pessoas perto de você podem morrer novamente...

– Novamente? Novamente? – perguntou Jaime, exaltado, ficando em pé na frente de Lívia, entendendo a extensão do que ela falara. – Você quer dizer que Lúcia foi vítima deles? Ela estava com Jorge...

– Eu não falei nada, por favor. Sente-se, e fale baixo. Não falei nada. O que estou falando é que você não tem chance nenhuma, principalmente se continuar no caminho em que está.

– Eu conto para você como consegui a pista para vir para cá, e você me conta alguma coisa. Fazemos uma troca – insistiu Jaime, voltando a sentar-se.

– Meu Deus! Você não vai desistir mesmo? Será possível?

– Uma informação... só uma.

Lívia ficou um longo tempo em silêncio. O sol do final da tarde refletia nos fios claros dos seus cabelos, espalhados, saindo de um gorro de lã branco. Sua pele ainda era lisa e clara, quase transparente. Por momentos Jaime se encantou novamente com sua beleza, até que ela falou:

– Confie apenas no Nunes. De todos que estão lá, é o único que tenho certeza de que não faz parte do esquema.

– Como você tem certeza?

– Porque tenho a informação de que o Camelo vai tentar comprá-lo.

– E como posso saber se ainda não comprou?

– Porque o Camelo não está lá. Então, ainda não fez nada.

– Os demais estão comprados?

– Eu não falei isso. Não tenho tanta informação assim. Não sei quem foi corrompido ou não. Só sei do Nunes. Agora é tua vez.

– Há um traidor entre vocês que está me passando informações.

Lívia não resistiu e caiu na risada. Uma gargalhada. Demorou rindo, depois falou:

– Não seja ridículo! Não tem ideia do tanto de dinheiro que circula entre nós. O que a polícia brasileira poderia oferecer, comparado com o que a organização tem?

– Lívia – falou Jaime, sem se abalar, e também sem nenhum pudor por estar mentindo – a polícia brasileira não está oferecendo nada. Eu, muito menos. Não tenho dinheiro a oferecer, mas tenho uma coisa que esta pessoa quer há muito tempo, e nunca conseguiu ter.

O riso de Lívia ficou suspenso no ar e ela se sentiu ridícula. Olhou para ele ainda com um pouco de incredulidade, e perguntou:

– Vera?

– Isso é outra informação. Se quiser, podemos fazer outra troca.

– Chega! Quanto mais falarmos, mais perigo corremos. Olha, Jaime, já que você não quer desistir, entenda, por favor, entenda: fique atento sempre e desconfie de tudo, e de todos. Você não vai conseguir mais nada aqui em Roma. Volte para o Brasil e tome cuidado, por favor, tome cuidado. Eu volto para lá amanhã. Não tem sentido você ficar.

– Tem gente nos observando agora? – perguntou novamente, ficando em pé na frente de Lívia.

– Claro – ela respondeu, colocando obviedade no tom da palavra. Jaime estendeu a mão e a puxou. Quando ela ficou em pé na sua frente, ele a beijou. Um beijo longo, a que ela chegou a resistir no primeiro momento, porque sabia que estava sendo observada, mas depois se soltou e entregou-se, como uma pessoa que se solta na correnteza de um rio, que vem caudaloso desde um passado distante, revirando terras, arrastando troncos, devastando.

Jaime riu depois do beijo, como se tivesse tido uma breve vitória contra a organização que continuava o derrotando e, no mesmo momento em que conduzia Lívia pela mão para as escadas que levavam para a *Piazza del Popolo*, logo abaixo, um binóculos era arremessado com raiva no gramado, a uma boa distância de onde estavam.

Capítulo 27

Eu passei aquela noite sem dormir. Meu coração estava disparado e a mente numa agitação febril. O que fazer? Muitas vezes tive vontade de bater na porta do quarto dele e contar tudo, mas como ele reagiria? Eu poderia matar indiretamente o filho da Cleuza. Meu Deus! O que eu deveria fazer? Será que meu pai conseguiria fazer alguma coisa para proteger Cadu, se soubesse? Faria alguma diferença real eu contar agora ou em dois dias? Ele teria alguma chance de prender alguém sem que o filho da Cleuza morresse? E o irmão? Como meu pai reagiria ao saber que o irmão estava vivo? O irmão que estava com Lúcia no dia em que ela morreu. Qual seria sua reação?

Eu repetia incansavelmente estas perguntas mentalmente. Durante o dia, eu fugira do Cléber e da Aninha e, agora, no meio da madrugada, quem eu mais queria do meu lado era ela. Eu sabia que precisava manter a calma. Sabia que seria bom rezar, buscar o contato dos bons espíritos, serenar a mente, mas não conseguia.

Durante o restante do dia, depois que conversei com Cleuza, eu não vira mais meu pai. No final do dia foi o enterro do Bento e do Ávila e ele chegou bastante tarde, depois da meia-noite. Eu imaginava que ele estava bastante abalado com o que aconteceu com seus dois homens. E eu, ao mesmo tempo em que tinha medo do que podiam fazer com Cadu, me sentia um traidor, porque dois bandidos estavam vasculhando o computador de um delegado da policia federal, em sua própria casa, e somente eu sabia disso. Eu e Cleuza. Coitada! Quebrara mais dois pratos e um copo durante o dia.

O dia amanheceu e eu estava acordado. Jaime chegara tarde, mas saiu cedo. Ouvi quando ele acordou, mas não quis levantar. Se ele me olhasse com aquele olhar carinhoso que me dava todas as manhãs, eu me desmancharia e contaria tudo. Então, preferi que ele saísse. Mais tarde eu ligaria para ele e falaria sobre o aniversário. No fundo, eu não tinha mais cabeça para uma festa de aniversário, mas já havia combinado com os amigos e ter mais gente em casa, agir normalmente, naquele momento, parecia ser uma boa ideia. Seriam dez ou doze pessoas em casa logo à noite e isso me dava alguma sensação de proteção. Nos poucos momentos em que fiquei sozinho em casa, parecia a todo instante que alguém encapuzado entraria pela porta, por uma janela, sairia de um armário. Então, ter visitas para o aniversário me dava alguma segurança e faria o tempo passar mais rapidamente até a manhã do sábado, quando eu imaginava que os bandidos já teriam fugido e eu poderia contar o que aconteceu, tão logo Cleuza recebesse uma ligação do filho dizendo que estava solto. Que loucura!

Ao meio-dia ele veio para o almoço. Nós três juntos, eu, Cleuza e ele, formávamos um quadro deformado sobre o amor. Eu o amava e, de alguma maneira, me sentia traindo sua confiança.

Cleuza amava o filho e daria a própria vida por ele, mesmo que fosse fácil perceber que também se sentia traindo meu pai. Meu pai me amava, já provara isso um número infindável de vezes, mas eu tinha medo de confiar nele naquele momento. Que quadro deformado de amor foi aquele nosso almoço!

Contei a ele sobre o aniversário e percebi que ele não gostou muito, mas não se opôs. Somente disse que talvez não fosse uma boa hora, mas ele mesmo completou que eu não tinha escolhido esse dia para nascer. A comemoração seria hoje, mas era para eu me virar com o churrasco, porque ele não estaria bem para isso. Concordei.

A noite passou estranha. Eu parecia estar numa festa para a qual não fora convidado. Era como se fosse um penetra em minha própria festa.

– Temos que sentar e conversar, não é? – perguntou Cléber.

– Amanhã faremos isso – respondi, da mesma maneira que já havia falado para Aninha. "Amanhã será o dia da minha libertação", eu pensava.

Durante o dia, para relaxar e adiantar um pouco minha libertação, escrevi uma longa carta para Jaime. Pedia-lhe perdão e compreensão. Pensava mesmo em fazer com que ele lesse a carta no dia seguinte, antes de falar qualquer coisa, para evitar falar muito. Tinha a impressão de que não me sentiria bem falando que não pude confiar nele, pela primeira vez na vida. A carta me fez bem. Contei a ele toda a verdade e isso me aliviou um pouco a tensão. Imprimi-a e guardei-a em lugar seguro, onde somente eu, ou ele, poderia achar.

Jaime acabou relaxando durante a festa. Meus novos amigos da faculdade eram animados e puxaram o astral dele um pouco para cima. A pressão dentro da polícia estava imensa. Wagner, seu superintendente, e que estava de férias, ficara possesso por ele ter feito uma operação por conta própria, fato que o fez voltar antes do tempo.

Acordei depois das seis da manhã assustado, porque Aninha havia combinado de ir bem cedo buscar o pai no aeroporto. Ele estava vindo de São Paulo e um dos motivos era me conhecer, mas eu não iria com ela. Marcamos de nos encontrar no final da tarde, depois de ela ter preparado o pai, que estava fazendo o papel de ciumento.

O combinado era Aninha ter ido dormir em casa, mas acabamos dormindo no sofá do salão de festas. Perto das três da madrugada, quando todo mundo já tinha ido embora, sentamos um pouco para relaxar antes de eu ir levá-la, mas o sono nos pegou de surpresa. Foi o barulho do porteiro da noite abrindo a porta do salão de festas que fez com que pulássemos. Lembrei que meu carro estava com pouca gasolina e, como estávamos atrasados, resolvi pegar o carro do meu pai, para não precisar parar em um posto e perder ainda mais tempo. Daria tempo de eu ir até a casa da Aninha, que não era longe, e voltar antes de ele sair. Ele já havia me falado que sairia perto das oito horas.

Dei um beijo na testa dele e acredito que ouviu o que falei:

– Tô pegando teu carro porque o meu tá com pouca gasolina... você vai sair as oito, né? Eu volto logo, vou levar Aninha em casa e antes das oito tô de volta...

Quando subi a rampa da garagem eu o vi. Não seria fácil para qualquer pessoa percebê-lo, mas eu o vi. Os galhos de um abacateiro se estendiam até a marquise lateral do prédio em frente ao nosso e era ali que ele estava, disfarçado no meio das folhas. Naquele momento eu mesmo fiquei impressionado por ter conseguido diferenciá-lo no meio destas folhas. Vi a arma apoiada no chão da marquise e seu olho direito atrás da mira telescópica. Era como se eu estivesse com minha percepção muito dilatada para conseguir ver isso tudo. Foi rápido. Parei o carro no alto da rampa porque tinha que esperar que o porteiro abrisse a cancela para eu sair, o que era norma de segurança do prédio. Se não tivesse esperado, talvez tivesse conseguido fugir. Talvez. Quando pensei em acelerar e arrancar antes de a cancela abrir, aconteceu. Tive a impressão de que o ar entre mim e a arma sofreu uma pequena distorção. Foi um instante. Uma fração de segundo. E tudo escureceu.

Capítulo 28

O perdão é um processo. O perdão não acontece de repente, nem é uma palavra, apenas. Não pode ser verdadeiramente demonstrado se não for sentido. É o caminho para a paz. O rancor é uma âncora que nos prende em um mar de amarguras e sofrimentos; portanto, só nos traz infelicidade, e a infelicidade gera uma série de maldades e dor. A marca mais resplandecente das grandes almas é a ausência de rancor. Jesus, nosso condutor, tentou nos ensinar que devemos perdoar quantas vezes forem necessárias e, no momento culminante de seu calvário, pediu ao Pai que perdoasse a nossa ignorância, porque, obviamente, não carregava nenhum rancor no coração, por mais que a Ele infligíssemos toda dor possível. Embora as religiões mais tradicionais tenham deixado no tempo a imagem de um Jesus triste, não consigo imaginar um espírito mais alegre do que Ele.

A energia desprendida por um coração amargurado pelo rancor impede o crescimento até mesmo no sentido do fisiologismo evolutivo do espírito. Se o perdão não acontece, fica encalacrado nos tecidos sutis do espírito um desarranjo, um desequilíbrio, que se perpetua tanto na organização de futuros revestimentos físicos, quanto na saúde mental. Quando cometemos qualquer tipo de erro, produzimos desequilíbrios em nossa consciência. É claro que, quando cometemos qualquer erro que possa gerar dor aos semelhantes, também desequilibraremos a consciência. Porém, nesta situação, além da dor que causamos, se este semelhante não tem a fácil capacidade de perdoar (o que é o mais provável), estaremos causando um mal triplo: com a nossa consciência que se desequilibra, com a dor propriamente dita que causamos no semelhante e com a âncora energética e evolutiva que possibilitamos que se desenvolva neste semelhante. Uma lástima!

Alguém consegue evoluir no caminho da felicidade sem reequilibrar a consciência, sem conquistar o perdão do ofendido, sem vê-lo liberado deste peso? Impossível. Se alguém acha que é possível buscar a felicidade, sem perdoar e ser perdoado, é porque ainda alimenta em si a incandescente fogueira do egoísmo.

O perdão é urgente em nossas vidas. Perdoar é uma necessidade básica para a alegria. Ser perdoado faz parte de uma atividade intensa de autocrítica e modificação daquele 'eu' que causou a dor, a mágoa. Em nenhum momento, em nenhum plano existencial, seja material ou espiritual, podemos nos desligar desta necessidade. Só cresce quem perdoa. Só é realmente feliz quem possibilita, com suas atitudes, o perdão.

Hoje eu caminho ao lado de Lúcia e tia Dadá, como ainda a chamo, por uma alameda cheia de jasmins floridos que deixam no ar um delicioso perfume, principalmente agora que nos aproximamos do entardecer. Cada dia que passa fica mais distante o tempo em que tive algum rancor pelo que fizeram comigo e, o que é mais interessante, a alegria por ter perdoado só cresce. Sinto-me cada vez mais feliz.

Faz cerca de um ano, na contagem de tempo terreno, que voltei ao plano espiritual. Neste período, o carinho e proteção destes dois anjos, minha mãe e tia Dadá, foram fundamentais para que eu me adaptasse à nova vida, sem dúvida nenhuma, tão melhor que a anterior, mesmo sem Aninha, pela qual ainda sou apaixonado e de quem sinto tanta saudade.

– Este desconforto irremediável que a saudade nos dá faz parte também do reequilíbrio da consciência, meu filho – falou Lúcia, percebendo por onde andava meu pensamento. – Se buscarmos em outras vidas, encontraremos em nossos atos os motivos de nossas aflições, sempre.

– Algumas coisas de outras vidas eu já soube, mas o instrutor Aurélio me disse que é melhor ir devagar com as lembranças, mesmo porque ainda estou envolvido com o trabalho começado na última jornada na matéria – respondi, com uma formalidade que causou sorrisos nas duas. – Sempre que converso com ele volto mais formal do que sou de verdade – completei.

– Por falar nesse compromisso, como está indo o livro? – perguntou tia Dadá.

– Ah! O instrutor diz que vai bem...

– O instrutor diz?

– Sim. Ele está bem mais acostumado com isso, não é? Eu acho que está devagar, mas ele disse que é assim mesmo. Eu chego lá para trabalhar e o escritor não tá bem, ou não tá 'inspirado', ou tá preocupado com algum outro problema, ou tem gente por perto pedindo atenção... ou tá vendo jogo na televisão, ou tá viajando pela internet... isso sem contar as dificuldades de comunicação. Ele é intuitivo e, no começo, foi um processo complicado. Eu achava que ia ditar um texto pra ele. Que ingenuidade a minha!

– Eu sei como é – falou Lúcia. – Mas tenha paciência, o importante é o resultado final ficar bom.

– Espero que sim. Eu tive que controlar a vontade de que o texto ficasse tal como está na minha mente, com os mesmos locais e mesmos nomes que eu usaria. Demorei a entender que o escritor é ele e eu o conduzo dentro de sua técnica. Pelo menos escolheram um cara que pensa muito parecido comigo, e assim o trabalho ficou um pouco mais fácil. Já estou até pensando...

– Pensando? – perguntou Lúcia, depois que deixei a frase no ar, por ter pensado alto.

– Pensando em ir buscar no passado, quando eu tiver condições para isso, os motivos de tudo isso que aconteceu.

– E usar o mesmo escritor para contar a história? A história do nosso passado?

– Sim. Acho que vai ser mais fácil, não é? Já estaremos bem mais afinados.

Lúcia e tia Dadá sorriram com tanta cumplicidade, que ficou claro que sabiam coisas que eu não sabia sobre o assunto. Então, eu parei e perguntei:

– Ei! O que vocês sabem que eu não sei?

– Nada, meu filho. É que eu e tia Dadá conversávamos ontem ainda sobre o passado e o presente. Ela falou que conversaria com você sobre a possibilidade de transformar esse passado também em um romance. Aconteceu tanta coisa interessante lá. Mas, por enquanto, o foco é o presente. Então...

– Então, precisamos nos apressar. Está quase na hora de irmos para a reunião do Grupo Semear. Aurélio já deve estar nos esperando. Depois do trabalho com o grupo, ainda vou procurar o escritor. Estamos quase no fim – falei, animado.

– Como estão seus contatos com Cléber? – perguntou Lúcia.

– Com ele é muito fácil interagir. É incrível como ele e eu nos sintonizamos rapidamente.

– Que bom! Quando você se lembrar do passado, vai entender ainda melhor de onde vem esta sintonia. Agora vamos.

Capítulo 29

Jaime pensou que ia enlouquecer de dor. Quando abriu a porta do carro, eu ainda respirava, apesar do tiro no peito. Muitas pessoas já haviam se aproximado com os gritos de Aninha e o porteiro já havia chamado o Samu. Meu pai fez Aninha sair do carro e sentou ao meu lado, tentando encontrar alguma calma em meio ao desespero.

Descrevo estas cenas com a ajuda do meu instrutor, porque, naquele momento, eu não via nem ouvia mais nada, felizmente. Meu desligamento, apesar da situação, estava dentro de um planejamento bem maior e, hoje, cada vez mais entendo que nada acontece fora de um contexto evolutivo mais amplo.

Sei que Jaime acreditou, por momentos, que eu conseguiria viver. Tirou a camisa do seu pijama e comprimiu a ferida em meu peito, próxima ao coração, e abraçou minha cabeça pedindo, em lágrimas desesperadas, que eu tivesse calma. Imagino o quanto deve ser difícil pedir a alguém para ter calma, estando-se desesperado. Ainda mais se este alguém é um filho. Quando a ambulância chegou, eu já não tinha mais nenhum sinal vital, mas ele se negava a acreditar nisso. Quando chegou ao hospital, o médico apenas segurou seus ombros e pediu para ele ser forte. As pernas dobraram, a alma dobrou-se. A dor fez escurecer tudo ao seu redor e ele acordou somente algumas horas mais tarde, em um quarto do próprio hospital.

Acreditava que eu fora morto em seu lugar. Ele daria a vida por mim. Ele daria várias vidas por mim. Sabia que um agente vigiava a saída do nosso prédio, desde que o e-mail com nosso endereço e descrição de detalhes para o crime fora descoberto pelo Nunes; por isso havia relaxado. Depois descobriu que fora Wagner, o superintendente, quem suspendera todas as ordens anteriores. Como Nunes e Jaime haviam trabalhado na surdina, ele não sabia do e-mail; portanto, não sabia do risco.

Diante de todos os fatos, e também por seu estado de saúde, Jaime pediu afastamento. Não encontrava condições psicológicas para continuar e cada vez mais entendia que Lívia tinha razão. Ele não era nada. Quantas vezes a organização precisaria destruí-lo até que parasse? Mesmo qualquer desejo de vingança estancou-se em seu peito, diante da percepção da sua fraqueza frente a um gigante. Seu coração também não permitia mais tão altos níveis de estresse que o cargo oferecia e a possibilidade de um ataque cardíaco cada vez mais virava fato. Além disso, mesmo que Wagner tentasse protegê-lo, com a morte dos dois policiais, a pressão contra ele por mais uma operação mal sucedida era grande. Foi aberto um novo processo e ele foi mantido afastado.

E o tempo passou. Um tempo quase parado na percepção do meu pai. Uma eternidade que se comprimiu em um ano. Um tempo de tristeza e silêncio.

Vamos encontrá-lo hoje, 29 de abril de 2013, sentado na beira da laje onde eu e Lúcia estávamos sepultados. Entenda-se: o meu corpo físico e o de Lúcia. Seu rosto está molhado e uma rosa branca balança ao ritmo dos breves soluços que tenta sufocar. Nunca soube chorar; nunca gostou de chorar. Em um ano ele envelheceu mais do que se envelhece em um ano, muito mais, mesmo que esse envelhecimento seja bem mais nas disposições do seu espírito do que na aparência do corpo.

É final de tarde, o cemitério está vazio e faz um ano que eu parti. É fácil perceber o quanto a tristeza está fazendo mal para ele, e isso, quando me aproximo assim, como agora, me deixa assustado, porque o instrutor Aurélio já me avisou que ele ainda precisa ficar mais um tempo na matéria. Também me falou que, por maior que tenha sido sua dor, e por nada acontecer sem uma justificativa no passado, se ele não reagir, poderá ser considerado um suicida.

– O que eu posso fazer para ajudá-lo, se, quando me aproximo do seu campo vibratório, ele ainda mais se entristece? – perguntei ao Aurélio.

– É como acontece com as pessoas que desencarnam e não conseguem se afastar dos familiares. Até pensam que estão fazendo o bem, mas a presença deles dificulta ainda mais a continuidade da vida de quem ficou. Agora, imagina se fosse o contrário. Imagina se você não tivesse méritos para se reintegrar rapidamente à vida espiritual e ele, por desespero e saudade, o atraísse para o seu campo magnético. Da mesma forma, a vida estaria correndo riscos de estagnação.

– Instrutor – falei, tentando ser o mais delicado possível –, o senhor não respondeu o que eu perguntei.

– Não? Ora, pensei ter respondido – falou, depois sorriu, e se afastou.

Aí eu me lembrei da aula a que já tinha assistido sobre o assunto. Eu não tinha o que fazer além de rezar e tentar melhorar a energia que o circundava, porque cada um, por mais que nos amemos, é responsável pela sua própria conduta perante a vida. Então, foi o que fiz, naquele final de tarde. Não me aproximei demais dele, mas busquei no fundo do coração uma prece, ou melhor, busquei em mim o que tinha de melhor e ofereci a ele. Foi uma experiência interessante. Senti a intensidade do meu amor aumentando e, além disso, a qualidade deste amor, se é possível falar assim, se transformando, indo a um nível acima.

Deu resultado? Fiquei tão emocionado que não vi. Quando voltei a mim, depois de um momento de elevação até inesperada, ele não estava mais ali, mas outra pessoa se aproximou. Um homem chegou até onde ele estava e ficou olhando um longo tempo para o meu retrato e o de Lúcia.

– Olhe – falou Aurélio, ao aproximar-se mais de mim, pois eu ainda não podia vagar sozinho pelos ambientes próximos à crosta. – Aproveite seu estado de elevação e observe o que vai no pensamento dele.

Foi fácil. Era um homem amargurado e arrependido, com o rosto banhado de lágrimas. Se meu pai tivesse voltado naquele momento e o encontrado ali, tenho certeza de que desvendaria todo o mistério que cercava não apenas a minha morte, mas também os meandros da organização que o destruiu. Aquele homem, naquele estado, contaria tudo.

– Meu amigo instrutor – perguntei, escolhendo as palavras –, fiquei com a impressão de que a oração fez muito mais bem a mim do que a meu pai. Não posso achar que isso seja mesmo justo, por mais que seja. Então, me diga, não há mais nada mesmo que eu possa fazer?

– Você já começou a fazer, meu amigo. Sua oração, além do bem imenso que fez a você, conseguiu provocar uma ruptura no pesado campo vibratório que cercava Jaime. Neste momento em que ele volta para casa, novas ideias se agitam em sua mente.

– Ele vai atacar novamente os criminosos? Vai tentar se vingar? – perguntei, muito ingenuamente.

– Não, é claro que não. Já faz algum tempo que ele vem alimentando, muito discretamente, muito na marginal do próprio pensamento, a ideia de que a vida não acaba na morte do corpo.

– Sério?

– Sim. É uma ótima oportunidade para ele tomar um novo caminho. Um caminho com um pouco mais de luz, e você poderá ajudá-lo bastante.

– Desculpe por ainda não ter entendido, mas como?

– Venha comigo, vamos colocar em prática, que é a melhor maneira de aprender.

Capítulo 30

Faltava um pouco menos de uma hora para a reunião do Grupo Semear e nós já estávamos por lá. Se os encarnados realmente soubessem da grande quantidade de pessoas envolvidas num trabalho assim, no outro lado da vida, levariam estas reuniões ainda mais a sério. O Grupo Semear tinha seus altos e baixos, mas aprendi que isso era natural. Pessoas que vêm e vão sempre existem, como foi o caso da Cleuza, que já não trabalhava mais com meu pai e que participou por pouco tempo do grupo, não mais que um ano. Saiu dizendo que não tinha tempo, que chegava em casa muito cansada do trabalho. Agora, do outro lado, eu sabia que não era isso. Era curiosa em relação à mediunidade e parecia ter simpatias ideológicas com o espiritismo, porém, não encontrou espelho para a curiosidade sem disciplina; então, logo se afastou. Sobre ela, agora eu sabia muitas outras coisas também. Com Patrícia, irmã do Lima, foi a mesma coisa. Quando sentiu que o trabalho espírita era a favor dos outros e não de si mesma, que a doação é cultuada e a recepção é para os que precisam, perdeu o estímulo para continuar.

Há alguns meses eu vinha trabalhando com Cléber, que usava a mediunidade com a orientação (nem sempre tão lúcida) do meu avô, que era cheio de boa vontade, mas às vezes pecava pela precipitação. Nada grave. Eu e Cléber tínhamos sintonia fácil e eu já aprendera a trabalhar como 'ponte' para ele, em comunicações de teores de campos vibratórios mais divergentes. O que é isso? Bem, o Hermínio Miranda, no livro *Diverisdade dos carismas*, nos ensinou que nem sempre um espírito sofredor consegue uma ligação direta com o médium, pelas grandes diferenças de padrão vibratório. Sendo assim, é mais fácil e produtivo que um espírito acostumado ao médium intermedeie (com o perdão da redundância) a comunicação, colocando-se como uma ponte entre os dois. Devido a nossa fácil sintonia, era isso que eu mais fazia ao seu lado.

A minha surpresa foi ver Cléber chegar no carro do meu pai, mas logo entendi o motivo: meu pai deu carona ao Cléber porque era aniversário da avó Cida e ele não esquecera. Nunca esquecia aniversários. Por uma infeliz coincidência, a avó Cida fazia aniversário um dia depois de mim, ou seja, eu 'morri' no dia do aniversário dela. Mais surpreso ficou meu avô, quando perguntou a Jaime:

– Nós combinamos que vamos cantar parabéns pra ela depois da reunião. Sendo assim, já que veio até aqui, por que não se junta a nós e participa da primeira parte? Acho que isso lhe fará bem.

Jaime não respondeu de imediato e isso já foi diferente. Ficou em silêncio e meu avô não acreditou que ele estava prestes a aceitar o convite. Não teve dúvidas e não perdeu tempo, chamando as pessoas, que se espalhavam pelo seu grande e bem cuidado gramado, para o início dos trabalhos da noite. Como se fosse uma coisa natural, deixou que Jaime viesse. Por maior coincidência ainda, o assunto de estudos da noite era a morte de pessoas jovens. As grandes coincidências da vida! Maira, uma das participantes do grupo e encarregada do tema, esclareceu que estudara o assunto desde a semana passada, o que deixou claro para Jaime que não havia nada preparado às pressas para surpreendê-lo. E ela falou bem. Depois, antes de começar o trabalho mediúnico, ainda a ouvi falando:

– Nossa! Hoje alguém me ajudou muito a falar...

Foi uma noite calma e, obviamente, Jaime só assistiu à primeira parte, mas todos se reuniram depois para cantar os parabéns para a avó Cida e comer muitas fatias dos bolos que ela mesma havia feito. Na hora de ir embora, sem forçar nada, o avô Duca falou para o Jaime:

– Volte sempre que quiser. Ficaremos muito alegres com sua presença.

E ele voltou. Na semana seguinte estava lá, mas havia uma séria resistência ainda em relação à ideia da vida além da morte e parecia preocupado com o julgamento que qualquer pessoa poderia fazer dele por estar participando daquela reunião. O instrutor Aurélio já havia me adiantado que o trabalho não seria fácil, embora fosse tão importante para o seu desenvolvimento começar a incorporar os ensinamentos sobre ação e reação, tão comuns ao meio espírita. E, como o trabalho seria difícil, durante a semana eu me preparei para aquela reunião, com a segura orientação do bom instrutor Aurélio. Na noite anterior, com Cléber desdobrado durante o sono, conversamos bastante e preparamos uma comunicação que eu daria a ele durante a reunião. É interessante que o leitor saiba que este procedimento é bastante comum com médiuns bem disciplinados, no exercício de suas faculdades.

Jaime assistiu à primeira parte e depois ficou conversando na varanda com a avó Cida, porque Cléber tinha ido de carona com ele, novamente. Durante a reunião, eu me aproximei de Cléber e cumpri a minha parte do combinado. Por mais que a mediunidade de Cléber fosse bem disciplinada e fácil de ser usada por nós, naquele momento ele tinha apenas uma vaga lembrança sobre o que escrevi através dele, como se fosse um *déjà vu*. Na verdade, era uma mensagem muito curta e enigmática. Ficava ainda mais enigmática com a péssima caligrafia de Cléber:

Para Jaime
8 x 7
Henrique

Quando meu avô entregou o papel para Jaime e falou do que se tratava, ficou claro que a primeira reação dele foi de descrença, a descrença que o colocava numa zona de conforto e que vinha dificultando seu maior crescimento há tanto tempo, há tantas vidas. Olhou para o papel e seu primeiro pensamento foi sobre a caligrafia, que era do Cléber, obviamente, e não minha. Não disse nada, no entanto. Depois olhou para a conta de multiplicar e também nada entendeu. Isso causou um pouco de decepção nos encarnados presentes, que esperavam alguma surpresa, mas, do nosso lado, já sabíamos que dificilmente ele lembraria num primeiro momento.

Então, o acompanhamos até o apartamento e esperamos que dormisse. Não seria fácil ter um contato com ele desdobrado, pelo fato de sua descrença quase não permitir esta ação. Porém, eu, tia Dadá e Lúcia, amparados por Aurélio, estávamos muito bem preparados para aquele encontro. Sabíamos que teríamos dificuldades para conversar diretamente com ele – para isso seria necessário um preparo ainda maior –, mas estávamos confiantes nos recursos do nosso instrutor.

Antes de dormir ele havia ficado um longo tempo olhando para a mensagem. Estava pendendo muito mais para desacreditar da possibilidade de eu ter escrito aquilo; porém, entendia que, se fosse realmente uma farsa, teriam escrito algo mais direto. Por isso se esforçou para entender o que poderia significar aquela conta de multiplicar. Existia algum resquício de lembrança que ele não conseguia alcançar em sua memória. Já fazia tanto tempo! Não conseguiu. Então, Aurélio se aproximou e o induziu ao sono, para que não perdêssemos mais tempo, o que logo aconteceu.

Em nenhum momento, Aurélio perdeu a sintonia conosco, enquanto ia transferindo a Jaime todo nosso carinho por ele. Percebemos que Aurélio começou a trabalhar nos arquivos de memória de Jaime, porque uma imagem formou-se aos nossos olhos, como se fosse um holograma projetado no ar. Era a imagem dele comigo no colo, ainda criança, aprendendo contas de multiplicar na genial invenção de minha avó Carolina, mãe de Jaime, que nem cheguei a conhecer, pois desencarnou bem antes de mim. Ela era professora e tinha inventado um brinquedo para ensinar aritmética aos filhos. Era um tabuleiro com cem números pintados em tampas de pequenas caixinhas quadradas de madeira, coladas umas às outras, formando um quadrado maior. Cada caixinha tinha o mesmo tamanho, com cinco centímetros de largura por cinco de altura. A brincadeira era simples e eficiente, embora, nos dias de hoje, pudesse ser considerada não muito saudável. Ela pedia para que os filhos fechassem os olhos e colocava uma bala de açúcar colorido, a que ela mais gostava, no casulo de um número, depois escrevia no seu pequeno quadro negro a operação de multiplicar ou somar, e o filho precisava acertar o resultado, que seria o casulo onde estaria a bala. Caso errassem, encontrariam um papel com exercícios de aritmética para resolver. E como eles se esmeravam em estudar para acertar! E como eu ficava irritado quando errava, no tempo em que meu pai fazia a mesma coisa comigo, usando confetes coloridos de chocolates, tão típicos da minha infância.

Em dado momento, Aurélio se afastou e as imagens sumiram. A testa de Jaime se contraiu por alguns instantes; depois, ele abriu os olhos. Um segundo depois, ele pulou da cama e correu para o escritório, onde, na parte mais alta de um armário, estava guardado o velho jogo de calcular, ainda em perfeito estado, embora com a pintura gasta pelo tempo, e onde eu havia escondido a carta para ele, no número 56, resultado de "8 x 7", número que eu tinha mais dificuldade de decorar.

Foi com as mãos trêmulas que ele puxou a caixa, agitado, ansioso, derrubando outros objetos que obstruíam a sua passagem. Colocou a caixa sobre a mesa do escritório e ainda teve um breve segundo de dúvida antes de abrir a tampa do número 56. As lágrimas já se espalhavam pelo seu rosto quando ele desdobrou o papel da carta, muitas vezes dobrado por mim, que jamais havia pensado que seria necessário todo este trabalho para que ele a encontrasse. Apenas a havia escondido ali, porque sabia que jamais alguém iria procurar naquela caixa, há tanto tempo esquecida. Eu escrevera a carta para aliviar a tensão pela qual estava passando naqueles dias, e também para mostrar ao meu pai, posteriormente, que não tinha nenhuma vontade de trair sua confiança. Nunca pensei que aquela carta poderia ser uma prova tão contundente da sobrevivência do espírito após a morte do corpo físico.

Bem, ao menos eu pensava assim. Ou será que algum instrutor já não estava me intuindo a fazer isso?

“Para Jaime

8 x 7

Henrique”

Capítulo 31

Jaime chegou a pegar o telefone para ligar para Cléber. Ainda existia um resquício de dúvida em sua mente: eu poderia ter contado ao meu melhor amigo sobre a carta e onde a escondera, antes de morrer.

Sim, poderia; porém, diante da situação da minha morte e considerando-se a gravidade do que estava escrito na carta, jamais Cléber demoraria tanto tempo para revelá-la. Um turbilhão de emoções agitava-se em seu peito. Eu estava vivo! Em outro plano, mas eu ainda existia para além da sua saudade. Para as muitas pessoas que acreditam na vida além da matéria, isso talvez não seja significativo; porém, para uma pessoa que nunca considerou este fato nem como uma possibilidade, era uma revelação realmente espetacular. Para uma pessoa que não acredita na espiritualidade, quando se perde uma pessoa querida para a morte, realmente a perde. Como sofrem as pessoas que vivem só a realidade material! Como sofreu meu pai com a minha morte!

O problema é que aquela carta não revelava apenas que eu ainda existia. Havia um conjunto de informações contidas naquelas linhas que eram extremamente importantes e pensamentos aterradores começaram a se agitar na mente de Jaime, logo em seguida. Jorge, seu irmão, estava vivo, e não vivo como eu. Jorge não havia desencarnado. Sua morte, pelo que tudo indicava, fora uma fuga para a liberdade. Não deixava de ser uma saída brilhante, mas foi um acaso aquele acidente? Ele, Jaime, foi julgado por tentativa de homicídio, por crime passional. Poderia Jorge ter planejado tudo, ou se aproveitou da situação? Como Jorge poderia saber que ele e Lima haviam marcado uma reunião? Lima sumira de novo depois da minha morte e era preciso ir atrás dele.

O dia amanheceu e encontrou Jaime sentado na varanda do apartamento. Seu pensamento já havia feito incontáveis trilhas, avaliado infindáveis possibilidades. Estava afastado do trabalho enquanto aguardava julgamento e não tinha acesso a nada. Mesmo seus computadores pessoais foram levados. Por onde começar?

Começou por onde nem eu esperava. Sabia que meu avô costumava acordar muito cedo. Antes das sete horas, ligou para ele e contou o que havia acontecido no meio da noite, para a sua imensa felicidade. Agradeceu pelo que aconteceu e disse que, assim que resolvesse alguns assuntos pendentes, voltaria para as reuniões e começaria a aprender, a estudar a fundo sobre a sobrevivência do espírito.

Eu, que ao lado de Aurélio estava autorizado a acompanhar Jaime, fiquei assustado. Assuntos pendentes? Um coração tomado pela tristeza e com sementes de ódio plantadas na terra fértil do rancor poderia tomar decisões com imensas possibilidades de arruinar seu destino. Olhei preocupado para Aurélio, que apenas sorriu com carinho, e falou:

– Não podemos controlar tudo, porque o arbítrio é livre; porém, tentaremos ajudá-lo no que for preciso. No entanto, não esqueça que os nossos orientadores jamais foram favoráveis à passividade em todas as ocasiões. O próprio Mestre não expulsou os vendilhões do templo?

As palavras do instrutor me acalmaram e não foi surpresa quando vi Jaime falando com Nunes ao telefone. Foi rápido, e antes das oito horas o agente já estava sentado com ele em sua cozinha, tomando o café da manhã. Agora Jaime fazia tudo sozinho, e uma faxineira apenas aparecia uma vez por semana, porque Cleuza havia pedido demissão após a minha morte. Alegara que não poderia mais trabalhar naquela casa em paz e, obviamente, nunca falou nada a respeito do que acontecera.

Depois de ler a carta, Nunes ficou um longo tempo olhando para meu pai, que, por sua vez, olhava para a xícara à sua frente, mas com o pensamento perdido em distâncias incalculáveis.

– Temos que ir atrás da Cleuza – falou Nunes, quebrando o silêncio. – Tem ideia de onde ela está?

– Eu sempre acreditei que aquele tiro era para mim – falou meu pai, como se não tivesse registrado a pergunta do agente. – Sempre acreditei... mas não era. A película no vidro da frente não permitia ter certeza de quem estava no volante, e éramos muito parecidos; por isso pensei que aquele tiro era para mim. Não era. Estavam esperando por ele. Sabiam todos os seus passos.

– Com esta carta podemos mudar tudo – falou Nunes.

– Não. Esta carta só será vista por você. Isso, se o Camelo ainda não tentou comprá-lo – falou meu pai, agora com o olhar cravado em Nunes, para avaliar sua reação.

– O quê? – perguntou o agente, intrigado.

Então, Jaime contou para Nunes os detalhes da conversa dele com Lívia, em Roma, o que nunca havia feito, devido a todas as circunstâncias. Contou o motivo de confiar nele, até aquele momento, e Nunes não esboçou nenhuma reação. Era preciso confiar em alguém e não havia nenhuma outra possibilidade além dele. Poderia confiar no Lima, mas este o deixara sozinho diante de toda a sua dor.

– Eu vou agir – falou Nunes. – Tenho um plano para descobrir quem é o Camelo. De sua parte, descubra onde foi parar Cleuza. Tenho a impressão de que ela tem muita coisa para nos contar.

– Acredito que eles ainda mantêm alguma vigilância sobre mim. Não sei se posso fazer muita coisa, mas vou tentar. Também não podemos arriscar, nos encontrando assim, como fizemos agora.

– Tem alguma sugestão?

– Tem alguma simpatia pelo espiritismo?

– Minha família toda é espírita – respondeu Nunes, mas não sem estranhar a pergunta.

– Então, comente no trabalho que vai frequentar uma reunião espírita. Assim, uma vez por semana, teremos uma hora para conversarmos.

Não foi muito difícil para Jaime descobrir que Cleuza havia retornado para Resende, de onde viera, acompanhando o filho que queria estudar no Rio de Janeiro. As vizinhas, que moravam perto da casa do avô Duca, contaram tudo para a minha avó. Quem iria desconfiar de uma velhinha simpática? Sem muito esforço para um policial federal, mesmo afastado, Jaime descobriu o novo endereço de Cleuza e foi até lá. Não chegou a ser uma surpresa para ele descobrir que era uma bela casa rural, com um grande portão de entrada, vigiado por segurança. Também descobriu que Cadu estava estudando na Itália, por ter conseguido cidadania. Que salto deu na vida a nossa querida Cleuza!

– Eu criava uma cobra venenosa em casa – falou meu pai para Nunes, na primeira reunião que tiveram na casa da avó Cida. Assistiam à primeira parte da reunião e tinham um tempo para conversar enquanto esperavam Cléber para dar carona para ele. Um bom disfarce para os encontros.

– Uma cobra muito esperta. Ela conseguiu enrolar Henrique pelo tempo suficiente para... O que vamos fazer com ela? – perguntou Nunes, tendo a delicadeza de não cutucar uma ferida ainda tão dolorida.

– O especialista em planos aqui é você. Por falar nisso, como vai fazer para saber quem é o camelo?

– Deixei bem claro para todo mundo que estou indignado com meu salário. Logo ele virá até mim, seja quem for.

Jaime ficou olhando para o agente por um tempo, admirando sua esperteza. Era o melhor caminho para receber uma proposta, sem dúvida. Nunes continuou:

– É muito provável que Cleuza seja um dos bichos. Através dela podemos chegar a todos os outros, e é claro que eu tenho uma ideia...

– Eu não tinha dúvida nenhuma de que você teria – falou Jaime, com um sorriso contido nos lábios, talvez o primeiro depois de tanto tempo –, mas, por favor, tome muito cuidado.

– E Lívia? – perguntou Nunes – Se vocês tiveram estes encontros... bem, tão íntimos, por algumas vezes... bem...

– Ela não me procurou mais. Desde que a vi em Roma, não tive mais nenhum contato. Também faz um ano que não sei nada sobre meu pai e sua víbora de estimação.

– Todos em Roma. Ernesto Santello, José Carlos e Beatriz, Vera... provavelmente Jorge. Todos em Roma, vivendo muito bem. Lívia é uma incógnita. Nem eu consigo descobrir seu paradeiro.

– Eles venceram, não é? Nós perdemos?

– Você não é espírita? – perguntou Nunes, um tanto à queima roupa.

– Não, quer dizer, depois do que te contei sobre a mensagem do Henrique e a carta... bem, sei que a vida continua, mas nunca estudei nada a respeito.

– No dia em que estudar, vai entender que eles não venceram. Muito pelo contrário, são os grandes derrotados.

Falou isso e levantou para ir embora, porque o trabalho mediúnico havia terminado e todos estavam saindo. Voltaram para casa conversando com Cléber, sempre muito empolgado com as coisas que aconteciam durante a reunião e agora mais animado ainda com a curiosidade de Jaime. Quem diria! Cléber estava se encaminhando para ser o 'instrutor' de Jaime.

“– No dia em que estudar o espiritismo, vai entender que eles não venceram. Muito pelo contrário, são os grandes derrotados.”

Capítulo 32

Duas semanas depois deste encontro, um homem muito bem vestido com um fino terno italiano, desembarcava no aeroporto Tom Jobim. Era alto, barba bem feita, cabelos pretos e curtos, olhos negros e rosto com ângulos bem definidos, sobrancelhas espessas e uma leve ruga de preocupação constante entre os olhos. Apanhou sua mala da esteira e dirigiu-se para a saída, quando outro homem apareceu na sua frente com uma plaquinha escrita: Carlos Eduardo Tombini.

– Não sabia que alguém viria me buscar – falou Cadu, para o homem que parecia realmente não conhecê-lo.

– Ah! O senhor é Carlos Eduardo? Sua mãe me contratou pelo telefone.

– Ela é sempre assim... eu avisei que apanharia um táxi.

Cadu entrou no carro do desconhecido motorista sem preocupação e logo começou a fazer algumas ligações pelo celular. O endereço para onde o motorista deveria seguir era em Ipanema, onde Cleuza Tombini e seu filho tinham um lindo apartamento; por isso, levou o carro na direção certa. Porém, faltando algumas quadras para chegar, o motorista parou em um semáforo fechado e, um pouco antes deste abrir, dois homens entraram no carro. O passageiro demorou um pouco para reagir e isso foi o suficiente para os dois que entraram, e que haviam abaixado suas balaclavas para cobrir o rosto, apontarem para ele suas armas. Cadu entendeu que não podia mais reagir. Um deles, o que sentara atrás, ao seu lado, falou:

– Temos muito a conversar, não é, Leão?

Ele não respondeu, mas a citação do seu nome-código já demonstrava onde havia se metido. Foi longo o trajeto, embora fosse bem conhecido o caminho por onde iam. Passaram pela ponte Rio-Niterói e foram na direção do litoral, até chegarem a Saquarema. Próximo à entrada da cidade o carro saiu da estrada e entrou por uma via de terra, por onde andaram alguns quilômetros, até chegarem a um sítio com aparência de abandono. Havia uma casa pequena um pouco distante da casa principal, com nítidos sinais de que há um bom tempo não passava ninguém por ali. O motorista ficou no carro, mas os dois homens não perderam tempo. Já era noite e, usando lanternas, levaram o prisioneiro até a casa menor, onde o amarraram numa cadeira, bem no meio de uma sala. Até aquele momento, Cadu não havia feito perguntas. Sempre se sentira muito protegido com toda a situação. Nunca correra nenhum risco, até aquela data. Seu trabalho era de 'carteiro' da organização. De fino trato e empregado da mesma multinacional de medicamentos que Vera, tinha passagem livre por vários países. Por isso mesmo, ser apenas o carteiro era pouco, para quem tinha tantas habilidades como ele. Ele era o atirador de elite, treinado com esmero para isso e chamado quando era preciso apagar alguma prova. Então, e por isso mesmo, era considerado a joia preciosa da organização. Jaime o havia conhecido rapidamente, quando contratou Cleuza, disfarçado de estudante pobre do interior que vinha para a capital para, um dia, mudar de vida. Tudo uma farsa! Nunca mais viram Cadu e somente ouviam as mentiras de Cleuza a seu respeito.

Precisei filtrar com muito cuidado o diálogo que vou escrever a seguir. Não é difícil entender o motivo. Muitas expressões não condizem com o tipo de trabalho que estamos fazendo. Já tenho usado este filtro em várias oportunidades, mas agora foi mais necessário ainda, porque em estados de tensão as pessoas soltam a língua.

– O que está acontecendo? – perguntou, finalmente. – Posso saber quem está me prendendo, pelo menos? Posso saber o que fiz para estar aqui?

– Depois do que fez? Não tem mesmo ideia, Leão? Não fale mais, por favor, porque eu mesmo não gosto do que vou fazer – falou Nunes, ainda com a cabeça coberta, ao mesmo tempo em que colocava travesseiros e cobertas ao redor da cadeira onde ele estava amarrado.

– Pra que isso? – perguntou Cadu, cada vez mais assustado.

– Ah! Tá com medo de desarrumar o cabelo? De chamuscar o Armani? – falou Nunes, enquanto começava a encharcar os travesseiros com gasolina, impregnando o ambiente com o cheiro forte e marcante do líquido. Intencionalmente derramou gasolina nas pernas de Cadu que viu seu precioso terno todo manchado, embora, diante do temor crescente pela vida, aquilo nada valesse.

Enquanto isso, o outro homem também ia espalhando gasolina com um galão maior pelo resto da sala. Pelo chão, pelo sofá todo rasgado, por mais cobertores jogados no chão, pela mesa e outras cadeiras. O cheiro de gasolina estava estonteante. Então, o outro homem, de forma displicente, como se aquilo não tivesse tanta importância, perguntou a Nunes:

– Quem foi que mandou apagar ele mesmo?

– O Camelo... o Camelo tá com muita raiva desse cara...

– O que eu fiz? – gritou Cadu, em total desespero. – Eu não fiz nada, caramba! Por que o Camelo ia querer me matar? Mereço ao menos saber. Minha mãe vai matar todos quando souber disso.

Foi a primeira vez que ele se entregou. Foi a primeira vez que reconheceu fazer parte do grupo. Os dois homens não pararam o serviço e Nunes, sempre muito esperto, estava usando as poucas informações que tinham para conseguir mais. O cheiro de gasolina enjoava Cadu, que já tinha as roupas encharcadas de suor. Então, Nunes jogou o galão para o lado e se aproximou bruscamente de Cadu. Sabia que na sua frente estava não apenas um engomadinho que viajava pelo mundo, mas também um assassino frio, que o mataria se tivesse a menor chance, embora estivesse acostumado à covardia maior de matar escondido, sem ninguém ver. No seu movimento brusco, apanhou Cadu pelo pescoço e quase o derrubou com o movimento; depois falou:

– Olha aqui, cara, teu tempo acabou. Já viraram a página e não precisam mais de você, que já andou dando com a língua nos dentes uma vez.

– Eu não falei nada. De onde tiraram esta ideia?

Nunes apertou sua garganta não deixando mais que falasse. Tinha seus olhos bem perto dos olhos de Cadu, com a balaclava cobrindo o restante do rosto. Quando afrouxou um pouco a força dos dedos, falou:

– Agora é minha vez de subir lá dentro, você acabou. Mas tem ainda uma chance. Eu quero subir rápido; então, se colaborar comigo, quem sabe?

– O que você quer?

– Que você entregue todo mundo.

– Entregar pra quem?

– Para a polícia. Entregue algumas cabeças. Vai sobrar vagas e eu subo. Eu gravo aqui o que você falar – respondeu, colocando dois aparelhos celulares sobre a mesa.

– Tá maluco? Qualé, cara? Não é assim que funciona, você sabe disso. Vão me pegar também...

– Então, tá... – falou Nunes, indo na direção da porta, chacoalhando uma caixa de fósforos na mão.

– O que você quer saber? – gritou Cadu.

– Qual o seu nome e o seu apelido? – perguntou Nunes, sem perder tempo.

– Carlos Eduardo Tombini. Meu apelido é Leão.

– O que você faz para a organização?

– Sou o carteiro.

– O que mais? – perguntou Nunes, acendendo um palito, parado na porta de saída da casa, agora com as lanternas apagadas, o que fazia aquele fósforo aceso ter uma aparência de morte.

– Sou atirador da organização. Cuidado com isso, cara...

– Como é o nome da tua mãe?

– Cleuza Tombini. Ela é a Hiena.

– Quem é o Galo?

– Vera, a filha do juiz Ernesto Santello. O José Carlos Brandão é a Pata. A Beatriz é o Gato. Usam masculino e feminino trocados porque a escolha dos apelidos é feita por sorteio e porque sabem que isso ajuda a confundir. O que mais quer? Já não chega?

– Quem é a Vaca?

– Lívia Pazianotto, a doleira.

– Quem é o Boi? – perguntou o outro homem encapuzado, mas Nunes gritou, antes que Cadu respondesse.

– Não! Não quero que fale quem é o Boi. É meu parceiro, deixa ele quieto.

O outro encapuzado olhou para Nunes achando estranho aquilo, mas ele apenas balançou a cabeça afirmativamente, como se pedisse paciência.

– Só mais duas perguntas e depois vou pensar o que vou fazer com você.

– Eu trabalho para você. Faço o que quiser. Sabe que sou eficiente... sabe que pode confiar... tô colaborando...

– Então, me diga quem é o Camelo.

– Wagner Hauser, superintendente da polícia federal.

Com a resposta, o outro homem deixou cair o galão que ainda estava em sua mão, espalhando um pouco mais de líquido ao redor. Haviam entrado novamente na casa e acendido as lanternas. Nunes olhou para ele e esperou que se acalmasse, para depois perguntar:

– Quem é o cabeça no Brasil da organização internacional que foi acusada na operação Omulu? – a pergunta, feita desta forma, era perfeita para dar curso na reabertura de todo processo.

– O juiz aposentado, Ernesto Santello. Ele não tem apelido de bicho; seu nome nunca aparece. Ele é amante da minha mãe há muito tempo. Ela é a segunda na organização. Eu sou filho dele. Como é que ele foi deixar que isso acontecesse comigo?

Amante! O severo juiz, famoso por suas opiniões marcantes quanto à honradez e integridade da família, tinha uma amante e um filho com ela. Jaime já sabia que ele era um criminoso, mas ficou surpreso com essa informação. Então, o cabeça da organização sacrificara a própria amante, colocando-a como doméstica na sua casa, para se manter informado dos seus passos.

Nunes levantou e pegou a pasta de Cadu, que havia deixado sobre a mesa e a entregou ao outro homem. Sabia que ali deveriam existir documentos importantes, que corroborariam todas aquelas informações. Apanhou também os dois celulares em que tinham gravado toda a conversa. Depois pegou novamente a caixa de fósforos e foi até a porta. No degrau do lado de fora ele acendeu o palito e, enquanto Cadu gritava e se contorcia na cadeira, jogou o palito no chão encharcado, cheio de poças. Mas o palito apagou. Nunes sorriu, acendeu outro palito e jogou agora nos cobertores muito molhados, um pouco à frente do desesperado Cadu, mas estes também não pegaram fogo. Então, Nunes pegou o galão que o outro homem havia deixado cair e virou um pouco do líquido que restara em uma das mãos e cheirou, depois falou para o companheiro:

– Eu não falei pra você que água suja com um pouco de terra não pegava fogo?

Apagou a lanterna e saiu, gargalhando. A gasolina era pouca e só molhara os travesseiros bem próximos a Cadu, para que seu cheiro forte o confundisse. Nos cobertores ao redor, formando mesmo uma barreira de proteção para não ter risco de a gasolina incendiar, havia apenas litros e litros de água suja com terra, da mesma cor da gasolina. Depois de estarem bem distantes chamariam a polícia, informando a presença dele naquele local.

Capítulo 33

– Como você sabia que ele era o Leão? – perguntou Jaime, quando já estavam na estrada.

– Eu não sabia. Não tinha certeza, mas deduzi quando descobri que o filho de Cleuza não era um estudante pobre; pelo contrário, trabalhava na mesma empresa de Vera e fazia muitas viagens internacionais. Aquele endereço que encontramos com a Beatriz era o dele. Pelo que você me falou, da conversa que teve com a Lívia, o endereço era para correspondências. Lembre-se de que ele era o carteiro.

– Entendo. Achei que íamos apertar mais o cara...

– Mais? Você não viu? Ele molhou as calças. Se descobrem que somos da polícia, os direitos humanos nos lincham. Vai ser uma ligação anônima que vai avisar à PM que o cara tá lá...

– Mas podíamos pegar mais detalhes de cada um; afinal, praticamente só pegamos nomes e apelidos.

– É o que precisamos, não é? Se fôssemos entrar em detalhes, perderíamos muito tempo e ele poderia desconfiar. Na verdade, só falou por causa da surpresa. Com certeza nunca passou por uma situação nem parecida. Sempre esteve numa zona de conforto oferecida pelo time. Se conseguirmos chegar a cada um, agora que temos nomes e a declaração de que estão ligados a uma organização criminosa, vamos começar a descobrir em detalhes o que realmente faziam.

– Não consigo imaginar o que o meu pai e a víbora poderiam fazer num grupo assim...

– Quer saber mais podres? A Beatriz sempre foi muito amiga da Cleuza. Amiga de infância. Cleuza era amante do Ernesto, que ficou sabendo de um viúvo rico dando sopa, quando Vera conheceu teu irmão. Ela entrou naquele cruzeiro para fisgar o seu pai e conseguiu. Ele entrou no time apenas como financiador. Você sabe que é assim que funciona. Se fosse realmente atuante, eu encontraria muito mais coisas naquele computador. Só podia ter os dados da tua saída do prédio naquele micro, porque a Beatriz era amiga da Cleuza, que mandou pra ela. Duvido mesmo que teu pai soubesse destes detalhes.

– Não tenho mais nenhum contato com meu pai, mas é bom pensar que ele não sabia que queriam me matar. Não fui atrás dele porque não podia sair do país. Caramba! Você vasculhou tudo em duas semanas?

– Claro que não. Desde que falhamos e Ávila e Bento morreram, não parei mais. Faz um ano que não paro. Só que o que eu encontrava sempre era como um quebra-cabeça faltando peças. Sempre suspeitas, possibilidades, averiguadas e filtradas pelo Wagner, que não só escondia detalhes, como também avisava a cada um o que era descoberto e procurava brechas para eles fugirem. Quando o doutor me mostrou aquela carta, as peças começaram a se juntar. Por sinal, hoje o Wagner me convidou para almoçarmos amanhã. Disse que quer trocar algumas ideias comigo.

– Então, você já sabia quem era o Camelo? Você tem corrido muitos riscos. Não podemos ter dúvidas de que eles matam você, se descobrirem o mínimo.

– O que não é um risco. Na verdade, eu não imaginava que teríamos tanta informação assim, só com o Leão. Não pense que foi pouco. Já temos material para reabrir o processo.

– Sem passar pelo Camelo? Caramba! Como é que eu ia desconfiar do Wagner? Que chance a operação tinha de dar certo, se o próprio superintendente era aliado dos bandidos? Ele sabia tudo de antemão.

– Era, não, ainda é aliado. Não esqueça isso. Essa bomba vai estourar logo, assim que descobrirem que o Leão foi sequestrado. Temos que continuar, agora não dá pra parar.

Nunes se esticou no banco e o assunto morreu por alguns instantes. Jaime teve a impressão de que havia mais coisas que o agente sabia e somente estava procurando uma brecha para falar. Pensando que poderia saber o que seria, e para facilitar as coisas para o agente, perguntou, de supetão:

– A Lívia tem um caso com o Jorge, não é? O Boi é o Jorge. Você já sabe, por isso não deixou que ele contasse quem é o Boi? Para me poupar? Sabia que eu iria procurá-lo e matá-lo.

– Não. Não é esse o motivo. Tem algumas coisas que o doutor não sabe, ainda...

Jaime ficou olhando para ele, esperando que prosseguisse. Meu pai estava no banco de trás do carro e Nunes no da frente, ao lado do motorista, que não era policial, mas era da confiança do agente. Era um detetive particular ao qual ele recorria quando precisava. Vinham pela estrada sem pressa, já perto da meia-noite, porque Nunes havia pedido ao motorista para ir devagar e assim ele e Jaime terem mais tempo para conversar sem levantar suspeitas. Todos os encontros deles estavam sendo muito cuidadosos e até para meu pai conseguir acompanhar Nunes nesta noite precisou pular o muro de trás da casa do avô Duca e ir até a outra rua, onde o agente o esperava. Sabiam que ele poderia estar sendo seguido.

A demora de Nunes em continuar começou a irritar Jaime. Quando ia reclamar, Nunes apontou para um posto e pediu para o motorista entrar. O tanque estava quase vazio e, além disso, havia uma grande lanchonete. Depois que a garçonete lhes serviu duas xícaras grandes de café, com o motorista cuidando do carro, Nunes falou:

– Você não está no comando desta operação.

– E o que tem isso a ver? Além do mais, que operação? Estamos fazendo tudo na surdina de novo.

– Mesmo assim, você não é o chefe; por isso, precisa me obedecer. Está afastado...

Jaime estranhou aquela conversa, mas começou a desconfiar das intenções de Nunes. Por isso falou:

– Tenho até medo de pensar no que você já descobriu, para me falar estas baboseiras.

– Faz algum tempo eu fui atrás do laudo sobre o acidente que matou sua esposa e seu irmão – falou Nunes, interrompendo Jaime. – Eles estavam usando uma BMW 325, um carro seguro, confiável. Sempre achei estranho duas pessoas morrerem naquela situação; a batida não foi assim tão forte.

– Eu também pensei nisso muitas vezes, mas morreram. Ou melhor, agora sei que só Lúcia morreu. Eu vi este laudo.

– Não...

– O quê?

– Ela não morreu no acidente. Já tinha morrido antes. O laudo oficial foi falsificado. Sua esposa morreu por asfixia.

– Como você pode saber disso?

– Eu conversei com o legista. É claro que ele não me falou isso, mas estive em seu escritório o tempo suficiente para descobrir uma maneira de entrar lá durante a noite, sem ser descoberto. Não foi difícil encontrar o laudo verdadeiro em seus arquivos.

– Mas por que Jorge a mataria por asfixia? – perguntou meu pai, aturdido, sentindo crescer em seu peito uma onda gigantesca de ódio.

– Não sei. Na verdade, isso eu já havia descoberto faz algum tempo, quando fui atrás do laudo do acidente. Que eu saiba, o doutor a socorreu logo depois do acidente, não é?

– Sim, cheguei ao carro poucos segundos depois.

– Lembra se ela usava alguma coisa no pescoço? Um cachecol?

– Usava uma echarpe... mas era comum ela usar echarpes. Meu Deus!

– Por isso falsificaram o laudo. Não podia constar o estrangulamento.

Jaime cobriu o rosto com as mãos. Tinha vontade de sair dali e matar. Do outro lado e pensando muito em ajudá-lo, eu sofria. Felizmente o instrutor Aurélio estava comigo, não apenas me sustentando energeticamente, mas também com suas palavras seguras. Várias vezes já havia me pedido para ser firme e apenas observar, porque não podemos interferir na dor quando ela esta ajustada para resgatar um erro, uma falta no passado. Então, mantive minha calma e continuei ouvindo. Nunes, depois de dar um tempo para Jaime, entendendo a sua situação, continuou:

– Descobri que aquele carro não estava registrado no nome de Jorge. O nome do registro era de Jacinto Dorval de Lima. Já ouviu falar?

Jaime respirou fundo antes de responder. Lembrava bem aquele nome. Saber que Lúcia havia morrido asfixiada o estava revirando por dentro, mesmo assim tentou se acalmar e respondeu:

– Sim. É o cara casado, ou que ainda era casado, quando conheci a Lívia, há muito tempo, em Florianópolis. Ela trabalhou na casa dele e depois se casaram.

– Ele é casado com a Vaca – falou Nunes, sem olhar para Jaime, esperando que ele concluísse.

– Já pensei nisso, Nunes, mas não tem lógica. Pensa um pouco. Quem é esse cara, afinal? Ninguém conhece. Fomos atrás, nas primeiras investigações, mas não tem nem foto, quase nenhuma informação. Momentos antes de o Ávila morrer, tanto ele quanto o Bento se assustaram com quem chegou para o encontro dos bandidos; então, tinha que ser alguém que eles conhecessem, para se surpreenderem daquela forma. Eles conheciam meu irmão. É claro que conheciam! Só que era para ele estar morto, por isso se assustaram tanto quando viram ele chegando. Só pode ser ele o Boi, e não o tal de Jacinto.

Nunes pegou um maço de papeis do bolso interno da jaqueta de couro que estava usando e espalhou sobre a mesa, começando a remexer em cartões, bilhetes, apostas de loteria, até que encontrou um cartão com um nome escrito. Ficou olhando para o cartão por alguns segundos, até que falou:

– Descobri que este Jacinto tem outro nome, atualmente. Trocar de nome não é uma situação complicada, desde que se comprove que o nome causa constrangimento. Jacinto Dorval é só constrangimento.

– E qual o nome novo do Jacinto? – perguntou Jaime, sentindo o coração batendo forte no peito.

– Foi o Jacinto que planejou e organizou a falsa morte de Jorge, para que ele sumisse. Ele preparou tudo, todos os detalhes para que você fosse envolvido no acidente. Sabia o caminho que você iria fazer. Armou tudo para que Lúcia estivesse presente e fosse possível acusar você de um crime passional. Era o que queriam. Foi bem executado. Na verdade, ele e Jorge são grandes amigos e Jorge precisava sumir. Não posso ter certeza absoluta do que estou falando, mas não há outra explicação.

– Quem é ele, Nunes? Qual o nome atual desse cara?

– O senhor está proibido de fazer qualquer coisa contra ele, entendeu? É a nossa chance de acabar com eles legalmente.

– Nunes...

– O nome dele é Pedro de Lima. Manteve o último sobrenome. É o Lima, doutor, seu braço direito... o marido da Vaca. Lima é o Boi, doutor. Muito provavelmente o homem que estava em seu escritório com o Jorge. Muito provavelmente o responsável pela morte do Henrique e de Lúcia. O Lima, doutor, que, quando colocou o Ávila para dentro da organização, acabou se apaixonando pela mulher do cara, a Tânia. Depois se aproveitou da situação para acabar com a vida dele, quando soube que ele estaria na tocaia. Foi por isso que ela teve aquela crise nervosa quando soube quem matou o marido dela e ficou falando que "o Boi era o marido da Vaca". Ela sabia o que estava acontecendo, tinha um caso com o Lima. Ele estava sumido, lembra? Só ficava em Petrópolis. Por isso, Ávila falou: – O Boi voltou. O Lima, doutor, casado oficialmente com a Lívia Pazianotto, desde que sua primeira mulher, Amélia Figueiredo, se suicidou.

Jaime já não ouvia mais as explicações de Nunes. Seu raciocínio havia se turvado, embotado.

Capítulo 34

Eu estava sentado no meu banco preferido no jardim principal da casa de apoio onde Lúcia e tia Dadá haviam me recebido, na minha volta ao plano espiritual. Era uma comunidade pequena que trabalhava principalmente com situações como a minha, de pessoas que voltavam ainda jovens da matéria. O tempo leva as pessoas a um preparo melhor para o desencarne, possibilitando um melhor entendimento para aceitar a separação. O mesmo já não acontece quando quem parte está em plena juventude. O desespero, tanto dos que ficam quanto dos que partem, produz uma carga energética que pode trazer transtornos dos mais variados, para ambos os lados da vida; por isso é necessário um cuidado ainda maior com estas situações.

Lúcia e tia Dadá foram meus anjos de proteção. Aurélio, meu instrutor. Felizmente, e também pelos conhecimentos sobre a espiritualidade que tive a oportunidade de obter ainda na matéria, além de outros méritos que acumulei em vidas anteriores, meu processo de readaptação foi rápido. Mesmo com estes méritos, sei muito bem que ainda preciso de muita ajuda. Sei que tenho muitas coisas a reajustar para equilibrar o processo de crescimento pessoal, motivo maior para agradecer por todo apoio que tive até agora.

A casa de apoio tem um salão onde as pessoas que desencarnam são recebidas e dali são direcionadas para os setores onde terão melhor atendimento. Cada setor é especializado em uma área. Entre este salão de recepção e o salão principal, onde fica a administração da casa, há um imenso jardim, com muitas árvores, flores e lagos, onde estou agora. Para trás do salão principal ficam unidades de terapia dos mais diversos tipos e, dos dois lados do jardim, ficam nossos alojamentos. A casa tem algumas ligações com o plano terreno, através de quatro centros espíritas. Um deles, o que no começo me foi uma surpresa, é o Grupo Semear.

Lúcia sentou ao meu lado e fez um carinho nos meus cabelos, como sempre costumava fazer, desde que estávamos encarnados. Mais uma vez era final de tarde, quando tínhamos algum tempo livre. Tia Dadá trabalhava na administração da casa, porque já estava nela há um bom tempo. Lúcia veio por causa dela, para um tempo de trabalho que não era para ser muito longo, mas depois soube da minha programação e conseguiu ficar, sempre se dedicando muito ao trabalho.

– Como estamos indo? – perguntou-me Lúcia.

– Está muito difícil – respondi. – Ele se fechou de tal maneira, que minhas orações não conseguem mais abrir nenhuma brecha. Acho que precisa ter mais informações sobre causa e efeito antes de saber a verdade.

– Como podemos saber, meu filho? Ele está passando por uma provação dificílima. Qualquer pessoa estaria oferecendo mais dificuldade numa situação assim.

– Tenho medo do que ele possa fazer. Passou a última semana vigiando a casa do Lima, que voltou a morar no Rio. Nunes está em cima, para que ele não faça nenhuma besteira, mas não sabe de tudo que ele está fazendo.

– O que acha que pode acontecer?

– Tive acesso a algumas coisas do nosso passado. Bem, você sabe mais do que eu o motivo de ele estar passando por tudo isso.

– Meu filho, mesmo quem está muito acostumado e convicto da vida após a morte e das relações de ação e reação que guiam o nosso destino sente vontade de vingança em muitas situações. Mesmo quem sabe da necessidade de perdoar para crescer, para ir em frente, pode se decidir por amarrar seu coração no rancor e pensar em ir à desforra, de uma maneira ou de outra, mesmo que muitas vezes dissimulada. Como podemos esperar que ele aja diferente? Sabemos o quanto ele é bom, sempre foi, mas não podemos esperar demais.

– Foi exatamente o que o Aurélio me falou ainda há pouco. Mas é muito difícil não poder fazer mais do que estou fazendo. Embora eu tenha achado estranho o que ele falou sobre livre-arbítrio e ocasiões em que podemos interferir nele...

– Como assim? – perguntou Lúcia, um tanto intrigada.

– Bem, eu sei que em uma vida passada o Jaime me livrou de situações em que eu poderia ter complicado muito meu destino. Sendo assim, de alguma forma eu teria o direito de retribuir no presente o que ele fez por mim um dia, principalmente pelo fato de ele ter créditos de bondade para que possamos interferir nas suas decisões, se estas claramente o comprometerem. Assim tudo se encaixa nos mecanismos de ação e reação. Espero que isso não aconteça, mas...

– Todos estamos rezando para que ele não faça nada por enquanto. Que dê um tempo para que o tempo o ajude. Por enquanto, é o que você deve fazer. E o livro?

– Ah! Outro problema – respondi, agora com um sorriso, tentando mudar meu ambiente energético.

– Falta muito para terminar?

– Pelo contrário, estamos quase no final. É aí que está o meu problema agora. O médium até que tem se comportado bem, apesar de tudo, mas é que eu queria fazer um final feliz, que não fosse piegas, mas...

– Entendo. Problemas com a realidade, não é?

– Nem tudo é feliz.

– Desculpe, mas você está errado. O problema não é esse – falou Lúcia, e depois ficou me olhando, esperando a minha reação. Como eu já conhecia as modulações telepáticas que facilitavam muito o entendimento no ambiente em que vivíamos, tentei entender mais profundamente o que ela tentava me dizer. Depois de alguns segundos de concentração, comentei:

– Desculpe, mas não estou conseguindo. Ando mesmo muito tenso. Pode me explicar melhor?

– Sua mente está focada no problema de Jaime, é natural. O que eu quero dizer é que você está preocupado com um final para o romance, porém...

–... Porém – continuei, finalmente entrando na sintonia de Lúcia –, não existe um final propriamente dito. A vida é uma grande continuidade; então, tenho que pensar apenas em um final para esta etapa. É isso?

– Mais ou menos assim, está no caminho.

– Tem razão. Acho que o problema é que está quase tudo revelado.

– Claro que não – reagiu Lúcia. Algumas coisas importantes, os leitores ainda não sabem, como o que realmente aconteceu quando eu desencarnei.

– Estava pensando numa maneira de contar, que ficasse cativante.

– O problema é que nem você sabe tudo.

– Como assim? O que falta eu saber?

– Naquele dia, Jorge falou que precisava conversar comigo porque tinha uma bomba' para me contar a respeito do seu pai.

– Uma bomba? O que é que eu ainda não sei?

– Calma, vamos devagar. Então, ele me apanhou na escola e acabamos indo para o apartamento dele. Vera estaria viajando. Chegando lá, ele me falou muitas coisas sobre seu pai e Lívia, de quem eu tinha muito ciúmes na época. Uma coisa em especial me deixou quase louca. Foi quando eu liguei para o seu pai e disse que precisávamos conversar. Mesmo naquele estado em que eu estava, sabia que precisava dar um tempo, dormir uma noite, não tentar resolver a situação com a mente em total desalinho. Já havia combinado com Jorge que ele me levaria para a casa dos meus pais para passar a noite e, no outro dia, conversaria com Jaime.

– Isso tudo eu já sei...

– Eu sei que você já sabe, mas os seus leitores ainda não, e sei também que você encontrará uma boa maneira de contar tudo isso a eles; então, não me interrompa, por favor – falou Lúcia, com o rosto bem próximo ao meu, acarinhando minha alma com um sorriso.

– Está bem. É bom relembrar para depois poder contar – falei, já entendendo a ideia dela. – Continue.

– Jorge pensou que eu me entregaria a ele, mas isso era impossível para mim em qualquer circunstância, quanto mais naquele estado em que me encontrava. Alguns homens entendem muito mal a alma feminina. Bem, deixei bem claro que nada aconteceria entre nós e reafirmei que queria que ele me levasse para a casa dos teus avós. Ele concordou, mas quis ganhar algum tempo e foi tomar um banho antes de irmos. Eu sentei em uma poltrona de leitura, no canto da sala, para esperar e tentar acalmar um pouco os pensamentos. Foi quando Vera chegou com Lima. Imagina minha surpresa em vê-los juntos. Vera havia voltado um dia mais cedo da Itália, onde estava, mas Jorge não sabia disso. Havia se encontrado com Lima para resolverem a situação de Jorge, que poderia ser o mais atingido pelos respingos da operação frustrada, devido ao cargo de procurador que exercia. Pelo que sei, já cogitavam simular sua morte.

– E eles não viram você quando entraram? – perguntei, apenas para dar continuidade ao assunto e já sabendo como passaria ao romance todas estas informações.

– Não me viram. Era um canto mais escuro da sala. Eles se acomodaram na mesa de jantar e falaram muitas coisas, que delatava quase todo o esquema, principalmente a participação do Wagner e dele, Lima, o melhor amigo do seu pai. Eu estava estarrecida e não sabia o que fazer. Foi quando Jorge voltou e não soube disfarçar a situação. Logo com a Vera, que era um poço de passionalidade. Desconfiou que ele estava com alguém em casa e não demorou nem um minuto para me descobrir. Meu Deus! Que escândalo!

– Mas o Jorge e o Lima nem tentaram defender você?

– Não deu tempo, meu filho. Ela partiu pra cima de mim como uma louca. Quando tentei me desvencilhar, caí e bati a nuca no suporte de madeira de um abajur, perdendo os sentidos por instantes. Foi o que bastou para que ela pulasse em cima de mim e tentasse me estrangular. Colocou nas mãos uma raiva contida por muitos anos. Bem, ela conseguiu. Eu já estava desmaiada e, diante da surpresa, Jorge e Lima demoraram a tirá-la de cima de mim. Pensaram que eu logo despertaria, por isso, cuidaram mais de acalmar Vera, que estava quebrando o apartamento. Assim eu fiquei caída, sem conseguir respirar.

– Então, foi Vera quem a asfixiou – comentei, contente por entender como Lúcia me ajudava a encontrar uma maneira de encaixar sua verdadeira história no tempo certo – O problema é que meu pai acredita que foi o Lima. Ele e Nunes já entenderam que o Lima, além de ser um vigia dentro da polícia, era o articulador das ações, o cara que planejava. De posse do laudo original a que o Nunes teve acesso, chegaram à conclusão de que você descobriu o envolvimento de Lima e, assim como aconteceu comigo, pelo mesmo motivo, precisava morrer. Diante do que sabem, é o que podem deduzir.

– É o problema das deduções quando se tem pouca informação. É quase igual julgar sem saber todo o contexto. O fato é que foi Vera a responsável principal. Um bom tempo depois é que se interessaram por mim novamente, quando perceberam que eu não me mexia. É bom dizer aos seus leitores que fiquei sabendo disso depois, pois nesta hora eu não acompanhava nada do que estava acontecendo.

– Não se preocupe, eles já estão acostumados – respondi, com um sorriso.

– Então, descobriram que eu não respirava mais. Incrivelmente, somente o Lima se desesperou. Apesar de tudo, é o que carrega ainda mais elementos de recuperação. Porém, diante do inevitável, e como estavam pensando numa maneira de 'sumir' com o Jorge, ele planejou o restante. Era uma boa ocasião para simular uma atitude passional de Jaime, transferir a culpa pela minha morte e livrar Vera, além de produzir um motivo para Jorge morrer, sem morrer. Lima já tinha marcado uma reunião com seu pai para o dia seguinte de manhã e ninguém sabe, até hoje, qual o motivo exato desta reunião.

– Não? – perguntei. – Mas você sabe e vai me contar?

– Claro, mas não agora, em momento oportuno. Agora é importante saberem que o Lima se aproveitou do fato de conhecer o caminho mais provável de Jaime. Jorge levou meu corpo no seu carro para um motel nas redondezas e Lima arrumou dois delinquentes para simularem um assalto e perseguição. Foi tudo muito bem cronometrado. É incrível como ele é eficiente nisso! Jorge sabia que, naquela velocidade, haveria um barulho grande, mas que os *airbags* o protegeriam. O restante, seus leitores já sabem como foi.

– Não, eles ainda não sabem qual é a bomba que Jorge lhe contou. Quando vamos saber?

– Veja, Henrique, quem está vindo: é Aurélio e está com a aparência preocupada. Creio que está vindo atrás de você.

– Você sabia que ele viria, não é? – perguntei, sorrindo de sua artimanha.

– Sabia – respondeu Lúcia sorrindo, habituada ao contato telepático com os instrutores –, mas não sabia que ele estaria tão preocupado. Na verdade, parece que temos uma situação urgente. Vamos ver o que está acontecendo. Depois eu lhe conto a bomba, que, apesar de tudo, pode ser um lindo final feliz para o seu livro.

“O perdão é um processo. O perdão não acontece de repente, nem é uma palavra, apenas. Não pode ser verdadeiramente demonstrado se não for sentido. É o caminho para a paz.”

Capítulo 35

Lúcia tinha razão na sua dedução: a situação era mesmo de emergência. Meu pai precisava de ajuda e não podíamos perder tempo. O instrutor Aurélio, enquanto começávamos a nos preparar para a incursão ao plano material, já foi me explicando o que estava acontecendo.

O fato é que meu pai não conseguia suportar a dor da verdade. Em muitas oportunidades durante a vida, tivera a chance de conhecer melhor a espiritualidade, bem como as leis que regem os dois mundos, principalmente os princípios de causa e efeito, que nos mantêm atrelados ao ciclo reencarnatório. Desta forma, encontrava-se agora diante da dor e do rancor imenso que tinha acumulado, sem condições íntimas de superar o conflito que se instalara em seu peito, desde que soubera que Lima era o grande traidor; que Lima provavelmente era o responsável pela morte de Lúcia e pela minha morte. Em sua razão, Jorge também era responsável, mas não era um traidor.

Era um criminoso, mas não estivera ao seu lado disfarçado de melhor amigo por tanto tempo. Parecia que toda dor acumulada de uma vida inteira encontrara uma válvula de escape chamada Lima.

Depois da minha morte, e com o afastamento de Jaime devido à 'morte' do Ávila e do Bento, Lima voltara a morar no Rio, em sua casa na rua São Marcelo, na Pechincha. Eu sabia que ele andava vigiando a casa do Lima já há alguns dias, mas sabia também que Nunes vigiava meu pai, para que não fizesse nenhuma besteira. Havia um compromisso entre os dois e meu pai não costumava fugir da palavra empenhada, e então não imaginei que ele seria capaz de fazer o que estava pensando em fazer. Pensando não, já estava executando. Naquele dia, especificamente, não estava programada a nossa vinda ao plano material; por isso, fiquei ainda mais surpreso quando o vi deitado na marquise de um prédio, muito próximo à entrada da casa do Lima. Estava vestido todo de preto, desde as luvas e botas até a balaclava, que deixava apenas os olhos expostos.

– Ele esta fechado em si mesmo e em sua dor – falou Aurélio. – Mesmo assim, com um pouco de esforço, você conseguirá perceber por onde anda sua linha de raciocínio.

Não foi muito fácil uma sintonia, mas eu estava cada vez mais habituado a isso. Consegui perscrutar o que ele pensava. "Matar, como ele matou. Devolver na mesma moeda. Olho por olho, dente por dente, bala por bala." Meu Deus! Que horror! E era meu pai que estava ali. Meu olhar para Aurélio de imediato me delatou.

– Temos que agir com alguma urgência – ele falou. – Lembra do que falei sobre nossos orientadores não serem favoráveis à passividade em todas as situações? Lembra sobre a possibilidade de intervenção no livre arbítrio?

– Sim, lembro. Mas o que podemos fazer? Ele não nos dará nenhuma abertura.

– Precisamos ser um pouco mais invasivos, desta vez. Venha, precisamos contar com mais alguém.

Já havia escurecido quando o deixamos, e o instrutor falou que não tínhamos muito tempo. Lúcia e tia Dadá juntaram-se a nós logo em seguida e me senti estranho com a presença delas. Na verdade, percebi que eu andava me achando o cara, nos últimos dias. As duas mantinham sintonia fácil com Aurélio, mesmo no ambiente pesado da matéria em que estávamos. Eu estava muito longe de conseguir aquilo e, mesmo diante da situação de urgência em que nos encontrávamos, tive tempo suficiente para baixar a bola. Entendi, rapidamente, que ainda precisava crescer muito para me achar como andava me achando.

Aurélio pediu para que as duas ficassem com Jaime, tentando manter ao seu redor o melhor ambiente magnético possível, para que, quando voltássemos, nosso trabalho fosse mais fácil. O pouco tempo que tínhamos dificultava muito nossa ação. Felizmente, os últimos meses de trabalho junto aos encarnados foram produtivos.

Quando voltamos, de longe conseguíamos ver o trabalho de Lúcia e tia Dadá. O ambiente magnético que prepararam era como um farol luminoso nos guiando na escuridão. Quando chegamos à esquina da casa do Lima, vimos este passando com seu carro. Talvez não tivéssemos tempo, ainda mais porque, naquela situação em que estávamos, não podíamos nos mover na velocidade habitual.

– Meu Deus! Não vai dar tempo – falei.

– Eu vou na frente. Vou ajudar as duas...

Não foi fácil ultrapassar o portão do prédio onde estava meu pai, nem subir pela escada que levava para o telhado, em mau estado de conservação. Mas consegui, ou melhor, conseguimos, porque Aurélio também conseguiu. Vi que o carro do Lima estava voltando para entrar na garagem. Sabia que ele sempre fazia isso. Passava a primeira vez e dava um toque na buzina para o vigia vir para a frente da garagem; depois contornava na próxima esquina e voltava mais rápido, para logo entrar na garagem. Todos sabiam o risco de um ataque neste momento, principalmente para um policial no Rio de Janeiro. Ele entrou na garagem no momento em que meu pai estava desacordado, pela influência magnética de Aurélio, que se aproveitou de seu estado de exaustão física, por noites e noites sem dormir, e o desligou momentaneamente.

Quando voltou a si, segundos depois, eu, através do Cléber, meu amigo e, neste momento, o médium com que eu tinha mais facilidade de sintonia, colocávamos a mão no seu ombro. Quando ele se virou e viu o Cléber, tive a sensação de que me via também, tamanha era a interação entre mim e meu amigo. Foi por isso que falei, tomado pela emoção, e Cléber transmitiu:

– Pai... ainda bem que conseguimos impedir você de fazer isso.

– Pai? – perguntou Jaime, ainda se sentindo tonto devido à intervenção de Aurélio, mas não entendendo como Cléber chegara até ali, muito menos por que o chamara de pai.

Neste momento, até mesmo pela emoção da circunstância, perdi a sintonia mediúnica com Cléber. Fiquei preocupado, mas o instrutor interferiu, segurando meu braço:

– Não se preocupe... deixe-o. Creio que conseguimos. Ele não fará nada com o Cléber aqui.

Ele tinha razão. Na verdade, a nossa verdadeira intenção era trazer o Cléber, a única pessoa com quem poderíamos contar naquele momento tão grave. Quando saímos do local onde Jaime estava, Aurélio já me explicou qual era sua ideia. Encontramos Cléber dormindo. Devido ao cansaço, tanto físico quanto mental, o espírito tardava um pouco mais a desdobrar-se, se podemos descrever assim o que estava acontecendo, com o Cleber dormindo, mas sem seu espírito sair do corpo. Aurélio não perdeu tempo em despertá-lo no plano espiritual e, enquanto eu explicava a ele a situação, o instrutor lhe aplicava um passe para ajustar a nossa sintonia.

Quando acordou no corpo material, logo em seguida, sabia que havia sonhado comigo e que eu pedia ajuda para meu pai, que estava correndo perigo. Não sabia detalhes, mas o seu estado de emoção o levou a procurar a oração para acalmar-se e, se possível, ajudar. Que mediunidade maravilhosa ele tinha! A oração permitiu que eu fizesse contato, agora com sua mente em estado de vigília.

– Henrique? Não estou acostumado com você longe dos trabalhos do grupo. O que está acontecendo? – perguntou naturalmente, ao sentir minha presença.

– Você sabe onde mora o Lima, não sabe? – perguntei um tanto ansioso, mas ele não registrou minha pergunta. Então, Aurélio pediu para eu me manter equilibrado, senão não conseguíramos nosso intento. Assim eu repeti a pergunta e ele logo respondeu:

– Sim, claro que sei, já fomos lá no passado, com seu pai.

– Precisamos que você vá até lá, agora. Vai encontrar meu pai no prédio da frente da casa. Por favor.

Cléber não teve dúvidas. Vestiu-se e logo saiu com seu carro. As ruas ainda estavam movimentadas e eu e Aurélio fomos junto com ele, para que mantivéssemos a sintonia. Eu o ajudei a perceber o carro do meu pai, parado a uma quadra da esquina onde ficava o prédio em que ele estava de tocaia. Cléber deixou seu carro estacionado atrás do carro de Jaime, e eu me mantive ligado mediunicamente a ele, ajudando-o nas decisões de como chegar o mais rápido possível onde estava meu pai, na marquise do telhado.

Devido ao meu brusco desligamento da sua sintonia vibratória, Cléber ficou um pouco atrapalhado com a pergunta do meu pai; por isso não respondeu de imediato. Então, ele fez outra pergunta, enquanto tirava a balaclava:

– O que diabo você faz aqui, Cléber? Como descobriu que eu estava aqui?

– Seu Jaime, não pense que eu sou louco, por favor... mas foi o Henrique quem foi me chamar. Ele me falou que era para eu vir urgente para cá, para a frente da casa do Lima. O que o senhor vai fazer? – perguntou, olhando para a arma do meu pai, ainda montada no piso da marquise.

Então, meu pai virou-se novamente para a arma. Havia ficado desligado apenas alguns segundos, mas agora voltava à lucidez anterior e, quando ficou de frente novamente para a casa do Lima, percebeu que havia sido descuidado. Lá embaixo, na frente da garagem, Lima e o vigia olhavam para ele. Havia se exposto com a chegada do Cléber, que estava ajoelhado atrás de Jaime. E Lima já estava fazendo uma ligação com o celular.

“Em muitas oportunidades durante a vida, tivera a chance de conhecer melhor a espiritualidade, bem como as leis que regem os dois mundos, principalmente os princípios de causa e efeito, que nos mantêm atrelados ao ciclo reencarnatório.”

Capítulo 36

Jaime ainda pediu para que deixassem Cléber ir embora porque não tinha nada a ver com aquilo, mas Lima não faria isso. Eu estava chocado com a situação e confuso. Havíamos impedido meu pai de cometer um crime, mas o que aconteceria com ele agora? O que aconteceria com Cléber, que somente havia ajudado?

Aurélio pediu calma mais uma vez. Ficamos os quatro acompanhando a situação e tentando manter o ambiente energético o melhor possível. Assim, perto da meia-noite, vamos encontrar Jaime e Cléber algemados numa sala, numa edícula nos fundos da casa do Lima.

– Cléber, você disse que foi o Henrique que pediu para você vir? Como isso pode ser possível?

– Da mesma maneira que ele passou a outra mensagem. Ele estava aflito...

– Mas como? O que ele disse? Você o viu? Você consegue vê-lo?

– Não... eu o sinto. Eu sinto os ambientes e as energias das pessoas com facilidade. É parecido com reconhecer uma pessoa pelo perfume de olhos fechados. Só que, ao invés do olfato, o sentido é outro. Um sexto sentido.

– Ele está aqui, agora?

Jaime ainda estava emocionado. Mesmo com a situação tensa, sua mente racional já havia esquadrinhado todas as possibilidades e entendido que Cléber falava a verdade, pois não poderia existir outra possibilidade para ele ter aparecido na marquise.

– Sim, seu Jaime. Ele esta aqui e sinto que tem mais pessoas com ele.

– Você consegue conversar com ele?

– Posso tentar.

– Então, pergunte o que ele quer. Pergunte por que ele está aqui.

Aurélio fez um sinal com a cabeça e me aproximei um pouco mais de Cléber. O contato era fácil, apesar da situação, a ponto de Jaime demorar um pouco a perceber que era eu que estava falando:

– Pai... meu pai... estamos muito preocupados com você.

– Henrique? Meu Deus!

– Pai, Lúcia também está aqui. Ela e eu queremos que tome cuidado com o rancor que domina seus sentimentos. O ódio o deixa cego. Por favor, meu pai, é preciso perdoar.

– Perdoar? Perdoar quem o tirou de mim? Quem tirou Lúcia de mim? Como podem me pedir isso?

– Todos nós somos responsáveis pelo que fazemos. Ninguém escapa ileso das leis cármicas. Se você está passando por tanta dor, é porque um dia causou dor. Por isso, não continue. Para a evolução é preciso um dia que alguém interrompa o ciclo. Que seja você, meu pai, o primeiro a perdoar! Eu já os perdoei e sou muito feliz por isso, porque o peso do rancor não me acompanha. Sou livre. Não há liberdade, nem alegria, com ódio no coração.

Aurélio e tia Dadá estavam ligados magneticamente a Jaime, fazendo com que minhas palavras tivessem um alcance bem mais profundo, enquanto Lúcia me sustentava energeticamente, para que eu não perdesse o controle da sintonia com Cléber. Com as minhas palavras, Jaime começou a chorar, e foi nesta situação que Lima o encontrou.

Ele entrou na sala sozinho e meu pai não levantou a cabeça para olhá-lo. Antes de falar com meu pai, perguntou ao Cléber:

– Como você se meteu nisso, menino?

– Não sei nada do que está acontecendo, seu Lima. Só vim aqui porque o Henrique pediu.

– Tá de brincadeira, né? Como assim, o Henrique pediu?

– Ele sabia que o pai ia fazer uma besteira e foi lá em casa pedir ajuda. Se não acredita, o que eu posso fazer?

– Está bem... não quero falar nisso agora. Já descobrimos o carro dos dois – falou Lima, soltando as algemas de Cléber. – Pegue teu carro e vá embora, e não fale nada pra ninguém. Olha, eu sei que você é inteligente, apesar destas maluquices; por isso, vá pra casa. Só isso, vá pra casa, e não pense em parar em nenhum lugar, nem em ligar para ninguém.

Depois que Cléber foi embora, Lima puxou uma cadeira e sentou na frente de Jaime, que mantinha a cabeça abaixada e os olhos fechados. Ficou olhando para ele um longo tempo, depois perguntou:

– Por que não atirou?

– Porque o Cléber chegou e atrapalhou. Você deveria estar morto agora – respondeu Jaime, ainda com os olhos fechados.

Lúcia me chamou a atenção para o que Jaime pretendia, mas fiquei ainda mais surpreso porque ela fez isso sem falar e eu consegui entender. O que Jaime queria, diante de tantas decepções, era provocar Lima e ser morto. Saber que estávamos ali, perto dele, alimentava uma súbita ideia de morrer e nos encontrar.

Então, Lima levantou e soltou as algemas de Jaime, que não reagiu. Para nosso espanto, antes de voltar para sua cadeira, sacou de uma arma de dentro da jaqueta e a colocou no colo de Jaime, que ficou perplexo.

– Você não sabe o favor que me faria se tivesse me matado. Mas ainda pode fazer isso. Vamos, pegue a arma e me mate.

Jaime não se moveu. Que estado de aflição dominava aquele ambiente! Que cargas de energias descompensadas circulavam entre aqueles corações! Sem pedir permissão a Aurélio, e sem conseguir me conter, fui até meu pai e o abracei. Ajoelhei-me ao lado da cadeira e encostei minha cabeça em seu peito, com os olhos inundados de lágrimas. Assim, abraçado a ele, pedi a Deus que nos ajudasse. Qualquer um dos dois que tomasse uma atitude com aquela arma estaria se perdendo. Rezei como nunca tinha feito até então e senti que Lúcia se unia ao meu abraço. Mas eu não pedia apenas por meu pai, pedia também por Lima, no qual era fácil, naquele momento, perceber uma profunda amargura. Envolto naquele ambiente, foi fácil captar o pensamento de Lúcia, que me explicava:

– Lima tem sofrido muito com tudo o que fez. No fundo é vítima dele mesmo e de uma vida dura desde a infância. Veio de uma família desequilibrada e não conseguiu construir um lar equilibrado. A falta de uma ligação mais forte com Deus deixou-o à deriva e não conseguiu se manter dentro de suas metas encarnatórias, recorrendo a vários vícios emocionais de outras vidas. Mas está profundamente arrependido, e já faz algum tempo. Quando marcou aquela reunião com Jaime para o dia em que deixei o corpo, sua intenção já era pedir ajuda. Naquela época, já estava cansado e pensava em se entregar, mas os acontecimentos que se seguiram enterraram ainda mais suas boas intenções. Hoje se encontra em profunda desarmonia, tão grande, que não sei se podemos fazer alguma coisa por ele.

Então, envolvido pelas nossas energias, meu pai apanhou a arma e a colocou no colo de Lima e voltou para sua cadeira. Os dois ficaram se olhando por um longo tempo, até que meu pai falou:

– Hoje eu descobri que há várias maneiras de matar uma pessoa. A pior delas é matar sua vontade de viver. Você matou a minha; por isso, eu pensava em vingança. Vingança! Matar você por vingança! Mas do que adiantaria, Lima? Diga-me, do que adiantaria? Não sei se consigo perdoar você, ou se um dia vou conseguir, mas sei que não tem significado nenhum um morto matar outro.

– Eu não mereço o perdão de ninguém, Jaime... de ninguém.

Depois que falou, Lima puxou um envelope do bolso da jaqueta e colocou no colo de Jaime e foi até a porta.

– Vá embora... por favor.

Acompanhamos Jaime até o lado de fora da casa. Um turbilhão de emoções se agitava em seu peito. Naquele momento, talvez por ainda estar tão envolvido em nossas energias, sabia que não havia perdoado seu antigo melhor amigo, porém, sentia por ele uma imensa pena. Havia visto em seus olhos tamanha amargura, que não conseguia ter outro tipo de sentimento. Pelo menos um pouco do seu ódio havia se dissolvido e o meu abraço e o de Lúcia e nossa oração haviam colaborado para isso. Saber que eu estava presente, como todo bom pai faz quando tem um filho observando, fez com que pensasse melhor no que estava fazendo.

Não encontrou ninguém até o portão que saía para a rua, nem o vigia que estava sempre ali, o que achou estranho. Quando estava no meio da rua, já indo na direção do seu carro, teve a percepção do que iria acontecer e virou-se novamente para a casa. Até pensou em voltar, mas era tarde. Lima não iria pagar a sua conta com a justiça terrena, porém, um acerto muito mais difícil o esperava, com a sua própria consciência, ainda mais naquela situação. Todos nós ouvimos o tiro, mas foi no nosso plano que se percebeu uma onda de energia nefasta se perpetuando e nos causando profundo mal-estar. Era como uma onda de dor, levando dor por onde passava.

Capítulo 37

Rio de Janeiro, 14 de junho de 2013. 00h45.

Não escrevo isso para que me perdoe. Não mereço perdão algum, por tudo o que fiz. Dentro da organização todos sabem que vocês conseguiram informações que podem nos destruir. O sequestro do Cadu só pode ter sido coisa tua e do Nunes. A organização está ferida e alvoroçada; se não fosse isso, você não teria conseguido se aproximar tanto de mim. Estão esperando que eu faça a minha parte e planeje a eliminação dos inimigos mais próximos. Essa era a minha função. Os cabeças lá de cima vão planejar a defesa novamente, como já fizeram e, provavelmente, os principais vão se safar mais uma vez.

Esperam por mim, mas estou cansado. Quando combinei com você aquela reunião, no dia em que Lúcia morreu, há tantos anos, foi a última vez que tentei sair disto tudo. Estava disposto a me entregar, pensando em salvar o resquício de dignidade que ainda me restava; porém, os fatos se precipitaram e mais uma vez me vi atolado até o pescoço. Tive que continuar e depois disso desisti de tentar me entregar. Saiba que muitas vezes antes tentei sair, mas nunca fui forte o suficiente. Sempre admirei a sua conduta e a sua ética, a ponto de me afastar por não conseguir suportar a comparação que eu mesmo fazia entre nós.

Hoje a consciência me chicoteia noite e dia e sei que é tarde demais para qualquer tentativa de corrigir qualquer coisa. Mas quero que saiba que amei Lívia por toda a minha vida, e ainda a amo. Quase enlouqueci quando vocês dois estiveram tão perto de se casarem, em um tempo em que eu já estava no Rio e ela em Florianópolis. Foi pensando em dar a ela uma vida melhor que fui para o Rio e, por estar distante, quase a perdi para você. Por ter tanto medo de perdê-la foi que entrei para a organização. Queria dar a ela uma vida melhor, pois ela também havia sofrido muito, até mais do que eu, só que não imaginava que me envolveria tanto. Você não tem a mínima ideia do que Lívia já passou. Infelizmente a carreguei comigo, por paixão e egoísmo. Tenho certeza de que ela precisa da sua ajuda, mas não quero pedir isso, porque nenhum mérito para pedir eu tenho.

Quando você ler o que aqui está escrito, já estarei morto. Darei a você a oportunidade de me matar, o que é justo, e não levarei nenhum rancor disto; muito pelo contrário, serei agradecido. Se você não me matar, eu mesmo o farei, porque não tenho mais coragem de olhar nem a mim mesmo, quanto mais todas as pessoas que me conhecem. Mas antes de partir gostaria de elucidar um fato, que talvez possa ser útil, quando prenderem Vera e Jorge. Foi Vera quem matou Lúcia, naquela noite. Quando a encontrou no apartamento deles, teve um ataque de ciúme tão grande, que a acabou matando. Não havia acontecido nada entre Lúcia e Jorge. Tenho certeza disso porque ele me contou. Jorge a levou para o motel, mas ela já estava morta. Isso foi ideia minha quando pensei em envolver você no crime, pois justificaria uma atitude passional. O que Jorge tinha para contar para ela era um segredo meu que ele descobriu, que eu mesmo escondia de todos e que não tenho nem coragem de contar aqui. Lúcia não o traiu jamais.

Foi Jorge quem deu a ordem para que Cadu matasse o Henrique. Eu fui contra. Foi ideia minha pedir dois dias, na tentativa de ganhar tempo e encontrar uma saída. Não consegui. Jorge queria matar Henrique naquela manhã mesmo em que ele nos encontrou no seu escritório.

Patrícia é minha meia-irmã, realmente, filha do meu pai com sua segunda esposa; porém, não suporta nem um, nem outro. É apenas uma inocente que precisa de ajuda, assim como Tânia, a quem tanto mal fiz também.

Use estas informações para que um pouco de justiça seja feita.

Pedro de Lima

Capítulo 38

A reunião do Grupo Semear já havia terminado. Desta vez, fora Lúcia quem tivera um contato com Cléber na noite anterior, para poder passar a ele uma mensagem endereçada a meu pai. Quando ela me contou que mandaria esta mensagem, eu ainda não sabia qual era sua intenção:

– A nossa família espiritual cresce cada vez que perdoamos alguém. Os espíritos mais elevados possuem famílias imensas – falou-me Lúcia.

– O que está querendo me dizer com isso? – perguntei.

– Eu já os perdoei, mas preciso demonstrar isso para que este perdão não seja estéril, não é mesmo? Tenho a impressão de que nossa família espiritual vai aumentar ainda mais.

Como eu já sabia do que ela estava falando, apenas sorri e a abracei. Depois acompanhei o avô Duca, que cada vez se entregava mais ao ofício do bem, de ajudar o próximo, na tentativa de apaziguar sua consciência com o erro que cometeu um dia, por aceitar um dinheiro ilícito. Fui com ele até meu pai, que esperava no mesmo banco de jardim de sempre, conversando com a avó Cida. Ele ainda não queria participar dos trabalhos mediúnicos, por achar que tinha que estudar muito mais para isso. Sempre fora rigoroso consigo mesmo. Logo que o avô Duca lhe entregou a mensagem e ele viu quem assinava, seus olhos se encheram de lágrimas. Porém, era mais uma mensagem enigmática:

> Para Jaime
> Avenida João Antônio Silveira, 2047, Restinga, Porto Alegre, RS.
> Com muito amor
> Lúcia

Eu sorri do seu ar de preocupação quando leu a mensagem. Já não tinha nenhuma dúvida sobre o fenômeno, mas por que mais um enigma? Voltou para casa conversando com Cléber, mas este não conseguia lhe dar mais detalhes para que pudesse entender o significado daquele endereço.

Já fazia mais de dois meses que Nunes havia se tornado quase um herói, destruindo os alicerces de uma organização criminosa tão bem infiltrada no Brasil. A pedido de Jaime, se aproximara de Tânia para oferecer ajuda. Mas Tânia ainda era uma mulher muito bonita, viúva, e ele solteiro. Então, Nunes estava duplamente feliz. Diante da energia e alegria para o trabalho de Nunes, Jaime continuava de licença, sem saber ao certo que rumo tomar da vida. Lívia não fora encontrada e aquele endereço era de Porto Alegre. Será?

***

O vento no final da tarde de primavera espalhava cheiros variados pelo ar. Lenha queimada, flores, capim recém-cortado. O sol já caía no poente quando Jaime parou na frente do portão do sítio da família Balbo, nos arredores de Bento Gonçalves, Rio Grande do Sul. Era uma segunda-feira. Havia chegado a Porto Alegre no domingo, mas fora até o endereço da mensagem somente na segunda pela manhã. Descobriu que aquele endereço era da casa do vigário da paróquia Nossa Senhora da Misericórdia. Um jovem padre o atendeu, com gentileza, mas ele não sabia nem o que perguntar. Como iria dizer a um padre que recebera aquele endereço numa mensagem psicografada, em um centro espírita?

– A quem o senhor procura, especificamente? – perguntou o jovem padre.

– Não sei... na verdade, eu recebi uma mensagem de Deus para vir até aqui e conversar com alguém, mas Deus não me disse quem era – falou Jaime, tentando não parecer tão louco como se sentia.

– Ah! Não se preocupe. Coisas deste tipo são comuns por aqui. Deus deve ter mandado o senhor aqui para conversar com padre Godoy.

Padre Godoy? "Você não sabe da missa nem a metade", foi a lembrança que veio de imediato em sua mente. Sim, sabia que Lívia fora criada por um tio chamado Godoy.

– Acho que é isso mesmo. Ele está?

– Nosso grande amigo Godoy é um missionário. Já tem idade para não trabalhar mais, porém quem o segura? Ele só vem para a paróquia agora nos finais de semana. Hoje de manhã ele foi para o sítio onde tem trabalhado ajudando uma família...

– E o senhor poderia me dar o endereço?

– O senhor tem GPS?

– Acho que vou ter que alugar um carro. Vim até aqui de táxi, mas sou do Rio de Janeiro.

– Ah! Sim. Então, alugue um carro com GPS, porque não é muito fácil encontrar este sítio, nas cercanias de Bento Gonçalves.

O GPS levou Jaime, depois de alguns enganos, até a frente do portão do sítio da família Balbo, mas ele ainda não sabia bem o que estava fazendo ali. Até que viu vindo pela estrada, um pouco abaixo de onde estava, um senhor de idade que coxeava ligeiramente de uma das pernas. Ele vinha com uma enxada no ombro e caminhava devagar, olhando para os parreirais, dos dois lados da via. Jaime desceu ao seu encontro quando já estava próximo:

– Boa-tarde, meu filho, que venha em paz! – falou o velho, quando Jaime se aproximou. Seu rosto era desarmônico. Um dos olhos era de vidro e os ossos eram saltados, mas, apesar da aparência física, ao redor dele era fácil identificar um clima de paz.

– O senhor é o padre Godoy?

– Sim, sou eu mesmo. Em que posso ser útil?

– Na verdade, não sei.

– Ah! Isso é bom, desde que se tenha vontade de ser útil. Como é o seu nome, meu filho?

– Jaime Brandão.

O padre ficou olhando um pouco ensimesmado para Jaime por algum tempo. Depois, apoiou-se no seu ombro e fez sinal para que entrassem pelo portão. Ele caminhava devagar e em silêncio, até que fizeram uma curva no caminho, cerca de cinquenta metros depois da entrada, e ficaram de frente para uma casa bem arrumada que surgia em meio aos parreirais. Era uma casa simples, com uma grande varanda ao redor e pintada de branco com detalhes em azul. Quando eles apareceram, um menino com cerca de dez anos que estava sentado no degrau da varanda veio correndo, com uma rolinha protegida entre as mãos, contar para o padre que a salvara do ataque de um gato.

– Ela não tá conseguindo voar – falou o menino.

– Mas vai conseguir. Se você a proteger até ela estar bem, logo vai conseguir voar. É assim a vida, não é? Todos conseguimos voar quando somos protegidos...

Jaime, olhando para o menino, estava em pânico. Era a sua cara quando tinha aquela idade. O padre percebeu seu desassossego e voltou a colocar a mão no seu ombro, olhando-o profundamente, mas com imenso carinho. Nesse momento, o menino saiu correndo, fazendo um grande alarido, porque uma mulher aparecera no final de um caminho que vinha do meio dos parreirais.

– Mãe! Mãe! Veja quem eu salvei do gato...

Ela vinha também com uma enxada no ombro, acompanhada de outras duas pessoas que pareciam ser trabalhadores do sítio. Mesmo à distância, Jaime viu que ela tinha os cabelos castanhos-claros um tanto desgrenhados, saindo de um gorro de lã, porque as tardes ainda eram frias, e seus olhos eram de um azul tão profundo que vencia todas as distâncias que havia entre eles.

As pernas de Jaime vacilaram, mas o apoio carinhoso da mão do padre Godoy em seu ombro parecia ter o poder de sustentá-lo. Desdobrou a mensagem que o havia trazido até ali e releu mais uma vez a frase e nome:

... Com muito amor
Lúcia.

Meu Deus! Pensou, que amor imenso! Seus olhos se encheram de lágrimas, e os nossos também, que o acompanhávamos naquela jornada de elevação da alma. Eu, Lúcia, tia Dadá, devidamente cuidados pelo olhar carinhoso de Aurélio. Que amor imenso! Também pensei, abraçando ainda mais forte minha mãe, que se desmanchava em lágrimas, mas não de tristeza. Eram lágrimas motivadas pela alegria, a verdadeira alegria que a doação nos provoca.

Quando o filho alcançou a mãe para mostrar a avezinha, esta já não mais o ouvia, pois acabara de ver quem a esperava. Ela, que havia sumido quando fora deflagrada a operação, e ficou um ano sem aparecer, há dez anos; ela, que havia dito a Jaime que ele "não sabia da missa nem a metade"; ela, que deveria ter passado horrores para ter um filho que não era do Lima; ela, que ainda o amava, com toda força da sua alma sofrida, por mais que tenha errado tanto na vida.

Seus olhos se encontraram, se tocaram, suas almas quase pularam para fora dos corpos. E o menino já vinha correndo de volta, quando o padre Godoy falou:

– Você demorou, meu filho. Graças a Deus que veio... mas demorou.

***

– Então, como ficou o final do livro? Consegui lhe dar um final feliz? – perguntou-me Lúcia, alguns dias depois do nosso passeio pelos parreirais do sul.

– Bem, não sou muito favorável a finais felizes... mas...

– Você pode escrever um pouco mais, ora. Pode contar o que aconteceu com Aninha.

– Parece que acordou com as ideias afiadas hoje, não é mesmo? – brinquei. – Falar sobre Aninha, que se apaixonou pelo Cléber, meu melhor amigo?

– Sim, mas também falar do drama que ele está passando por ter se apaixonado pela viúva, como ele mesmo diz, do melhor amigo e com quem ainda tem tanto contato nos trabalhos mediúnicos.

– Eu nem tenho conseguido mais sintonia com ele, tamanha é a aflição que está passando. Pois é, vou ter que dar um jeito nisso. Confesso que não vai ser fácil, mas... Parece que os problemas não acabam nunca, não é mesmo?

– Então, era a isso que eu queria chegar. A vida continua sempre, com todos os seus dramas e dificuldades, mas as alegrias verdadeiras só acontecem quando aprendemos a perdoar e a doar aos outros o que temos de melhor, quando aprendemos que não possuímos nem pertencemos a ninguém. É assim: a vida continua sempre, e sempre, e sempre, em todos os planos, sem morte, sem fim.

Balneário Camboriú, 05 de maio de 2014.

ROMANCES

O Magneto – Uma descoberta inesperada no porão de uma residência rural do interior da França é o ponto de partida para um romance eletrizante. Nesta obra, você terá oportunidade de conhecer um dos mais insólitos empreendimentos, que uniu para a sua realização o Brasil e a França, envolvendo o socialismo, a homeopatia e o magnetismo animal, ciências precursoras do espiritismo.

Alor – Vista ao longe, a ilha do Padre não apresentava os mesmos atrativos daquela região tão privilegiada pela natureza. As dificuldades naturais de atracação tornavam-na pouco interessante até para os espíritos mais aventureiros. Mas, para aqueles que penetravam seus segredos, era a prova definitiva da suprema solidariedade que deve reger todos os seres do universo.

Eu queria ser Bezerra de Menezes – Todos temos ao nosso redor as ferramentas e os professores de que necessitamos no caminho de nosso progresso. Alguns aproveitam melhor essas oportunidades e se distanciam rapidamente, outros estacionam à margem desse caminho por largo tempo à espera de que um grande evento os sacuda da inércia.

Paris, setembro de 1793 – Um escritor de *best-sellers* se vê em dificuldades quando seus personagens fictícios ganham a realidade e interagem com ele. Em meio ao terror que se instalou na França ao final da Revolução Francesa, o autor resgata fatos que narram os antecedentes do surgimento do espiritismo.

ROMANCES

Quando chega o Natal – Belíssimas histórias de Natal escritas sob a ótica espírita com o objetivo de meditarmos sobre o verdadeiro significado da comemoração do nascimento de Jesus.

O Resgate – Em 2012, em plena Primavera Árabe, uma equipe da ONU age para diminuir o sofrimento provocado pela guerra . Muitas vezes, o momento em que tudo parece dar errado é apenas a mão de Deus, indicando que não estamos trilhando o melhor caminho.

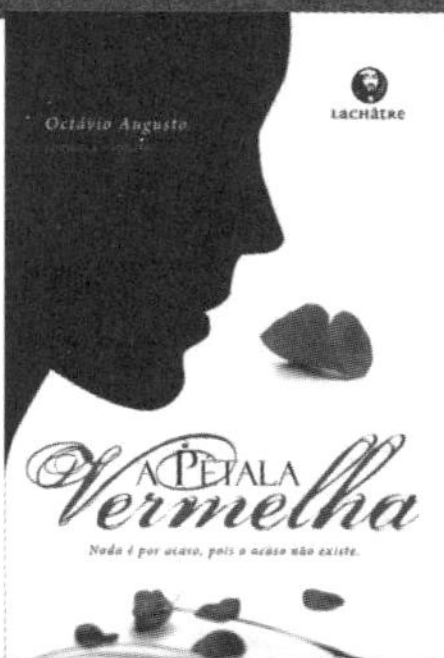

A Pétala Vermelha – Nos momentos de aflição, o ser humano se deixa tomar por profundo desespero. No entanto, a ordem universal é de amor e justiça, extraindo importantes lições dos instantes difíceis da vida. Para conquistar a verdadeira felicidade, é preciso assimilar o ensinamento transmitido pelo vida e aprender com os erros.

O Tesouro Escondido – Esta obra que proporciona ao leitor refletir sobre a importância do aproveitamento das chances de regeneração que recebemos, procurando transformar vícios em virtudes, erros em acertos, a fim de se trilhar um caminho mais feliz.

ROMANCES

O Cardeal – O poder, essa aspiração tão frequentemente vista no ser humano, é quase sempre causa de infelicidade para os que a sofrem e os que a exercem. Nesta narrativa o espírito, que se denomina simplesmente o Cardeal, narra sua participação na Inquisição espanhola.

Antes do Fim do Mundo – No século 25 d.C., a Terra se encontra em estado de grande desolação causada principalmente pela ação humana. No entanto, o Cristo está a postos e seus emissários são enviados a novas encarnações para salvar a vida do planeta.

Políticos no Além – Memórias póstumas de um renomado político brasileiro, a partir do momento em que chega ao plano espiritual. Surpreendido pela nova situação, depara-se com uma realidade áspera e situações terríveis.

Carandiru, um depoimento póstumo – Relato mediúnico de um dos presos que foi executado na chacina do Carandiru, em 1992. De uma narrativa de violência e dor, destaca-se a mensagem de que a Providência extrai lições, mesmo nos momentos mais dramáticos de nossas vidas.

Ternura e Desejo – Seis jovens em busca de felicidade e realização profissional enfrentam suas próprias fragilidades com as forças que encontram em si mesmos, e também na amizade sincera de seres deste e do outro mundo.

O Flagelo de Hitler – Esta é a história de pequena comunidade de espíritos envolvidos com os crimes do nazismo que se encontra no momento de definir seu futuro. Somente os que se propuserem à verdadeira transformação moral poderão permanecer na Terra.

Francisco de Assis, o Alter Christus – Embasada em fontes históricas, esta obra apresenta a legítima vivência dos ensinamentos de Jesus na jornada de Francisco de Assis, reconstruindo seus passos em profunda beleza e transcendentalidade.

O Mago e o Mendigo – Relato contundente e singelo, para apreciar e aprender. O encontro entre o mago e o seguidor da doutrina espírita numa pequena cidade da Amazônia é o mote para confrontar os ensinamentos de Paulo Coelho com os do espiritismo.

ROMANCES

ROMANCES

Perdoo-te – Um dos mais importantes romances espíritas de todos os tempos narra a história das diversas vidas do espírito que ficou mais conhecido nas encarnações como Maria Madalena e Teresa d'Ávila.

Memórias do Padre Germano – Perseguido, como todos os que procuram viver conforme os ensinamentos do Cristo, padre Germano foi isolado por seus superiores em obscura aldeia. Apesar disso, conseguiu transformar sua vida num farol a orientar todos os que com ele conviveram.

A Volta – Na forma de interessante romance, a autora chama a atenção sobre a importância de se detectarem distúrbios de comportamento infantil que podem ter como origem traumas de vidas anteriores. O diagnóstico correto evitaria sofrimentos desnecessários.

O Mistério de Edwin Drood – Charles Dickens estava trabalhando neste livro quando morreu. Dois anos depois, Dickens retornava, através da mediunidade de Thomas P. James, jovem e inculto médium americano, para finalizar o trabalho, uma das obras-primas da literatura mundial.

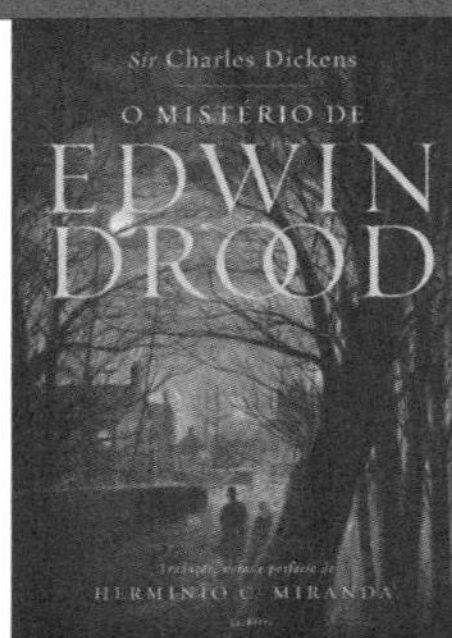

OBRAS DOUTRINÁRIAS

Vida e Obra de Allan Kardec – Rico material fotográfico sobre Allan Kardec. Retrata a França de seu nascimento, os estudos no Instituto Pestalozzi, a rotina como educador, a iniciação e o trabalho no espiritismo.

Convite à Reflexão – Deolindo Amorim, um dos mais importantes pensadores espíritas do século 20, demonstra, com toda a sua conhecida firmeza e sinceridade, seu vivo interesse nos assuntos palpitantes da doutrina e do movimento espírita.

O Primado do Espírito – Obra-prima de Rubens Romanelli, um conjunto harmonioso de conceitos profundos e maravilhosos, perpassados por mensagens de amor sublime.

As Vidas Sucessivas – Uma das mais importantes obras espíritas de todos os tempos. Apesar de publicada em 1910, permanece como o mais completo trabalho que transfere o conhecimento da reencarnação para os domínios da ciência.

OBRAS DOUTRINÁRIAS

Transe e Mediunidade – Elaborado a partir de uma série de cursos, teóricos e práticos, objetiva oferecer maior compreensão a respeito da mediunidade em suas bases psíquicas, considerando mecanismos, aplicabilidade e ressalvando sempre a primazia do espírito.

Laudos Espíritas da Loucura – O espiritismo contribui com o estudo e terapia dos desequilíbrios psíquicos e comportamentais, tais como monomanias, depressão e até mesmo formas extremas de loucura que podem ser atenuadas e curadas mediante tratamento espiritual adequado.

O Livro da Prece – Este trabalho comprova a eficácia e ensina como tornar mais eficaz a prece, que pode trazer tudo aquilo de que se precisa. O segredo está em saber como orar e o que pedir.

Passe, Magnetismo Curador – Trabalho prático voltado ao médium passista. Estuda o fenômeno da mediunidade, o conceito de perispírito e aura, e o magnetismo, para só então mostrar como atuar através do passe magnético e escolher a técnica adequada.

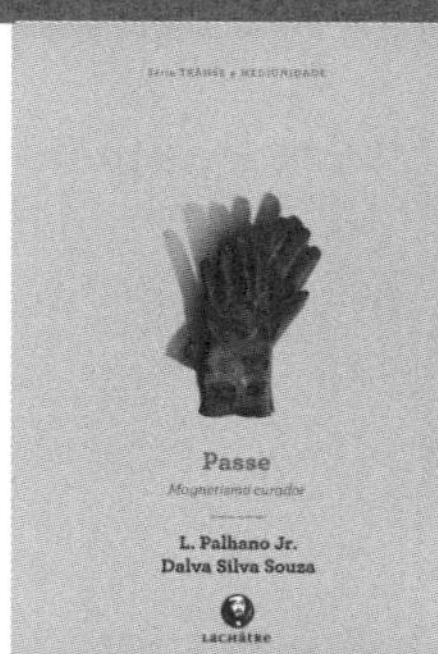

OBRAS DOUTRINÁRIAS

Obsessão, Assédio por Espíritos – Profundo e detalhado estudo da obsessão, suas causas e a forma de atuação das entidades infelizes, fornecendo elementos para que o problema seja definitivamente solucionado.

O Significado Ocultos dos Sonhos – De posse de chave nunca antes utilizada pelos estudiosos do assunto – o conhecimento da dimensão espiritual do ser humano –, o pesquisador L. Palhano Jr. apresenta de maneira objetiva o *significado oculto dos sonhos*.

Yvonne Pereira, uma heroína silenciosa – Biografia da célebre médium, repleta de lições de amor de quem superou as intempéries do destino e não sucumbiu frente às asperezas da estrada, vencendo séculos de descaminho e registrando na Terra a mensagem celestial.

Pelos Caminhos da Mediunidade Serena – Coletânea de textos inéditos de Yvonne Pereira, entrevistas, mensagens mediúnicas recebidas por seu intermédio e de seu espírito através de outro médium.

OBRAS DOUTRINÁRIAS

Diversidade dos Carismas – Uma das mais completas obras já escritas sobre a mediunidade. Leitura obrigatória para todo aquele que deseja conhecer o assunto e, principalmente, praticá-lo.

A Memória e o Tempo – Estudo dos mistérios do tempo e suas relações com a memória integral, utilizando a técnica da regressão de memória como instrumento de exploração dos arquivos mentais, depositados desde remotas experiências.

A Noviça e o Faraó – Bentreshit era uma sacerdotisa do templo de Osíris; Seti I, um dos faraós mais bem sucedidos do antigo Egito. O amor entre eles, completamente proibido, teve por punição uma separação forçada que durou 3.000 anos. Embora pareça fantástica, a história é real.

Autismo, uma leitura espiritual – Estudo do autismo a partir da premissa de que o ser humano é um espírito imortal que preexiste a sua atual existência, a qual é consequência do que foi semeado em vidas anteriores. Esta obra abre perspectivas fascinantes para entender o problema.

Esta edição foi impressa em agosto de 2014 pela Yangraf Gráfica e Editora Ltda., de São Paulo, para o Instituto Lachâtre, sendo tiradas três mil cópias, todas em formato fechado 155 x 225 mm e com mancha de 105x175mm. Os papéis utilizados foram o Off-set 90g/m² para o miolo e o Cartão Supremo 300g/m² para a capa. O texto principal foi composto em Berkeley 12/14,4. A revisão do texto foi feita por Kátia Leiroz e a programação visual da capa por Andrei Polessi.